CONSTRUIR

MUNDOS

Ignacio Kardya

Querida Vida:
Ahora sí puedo
entenderte

europa
ediciones

© 2023 **Europa Ediciones** | Madrid
www.grupoeditorialeuropa.es
ISBN 9791220142366
I edición: Septiembre de 2023
Depósito legal: M-25677-2023
Distribuidor para las librerías: **CAL Málaga S.L.**
Impreso para Italia por *Rotomail Italia S.p.A. - Vignate (MI)*
Stampato in Italia presso *Rotomail Italia S.p.A. - Vignate (MI)*

**Querida Vida:
Ahora sí puedo
entenderte**

A mi amor, por siempre y para siempre.

INTRODUCCIÓN

A veces me pregunto qué es lo que piensa la gente cuando uno se presenta como astrólogo. Si una de las primeras ideas que pasa por la mente de todos es la de "futurólogo", "charlatán" o "farsante".

Lo primero que pienso yo, cuando me hacen la pregunta: ¿A qué te dedicas?, es: "Uh... empezamos con el pie izquierdo" ... "¿Qué explicación puedo dar para caer fuera del prejuicio?"

Las caras de sorpresa, desagrado y de sospecha son varias. Pero es así.

A lo largo del tiempo, esta profesión fue perdiendo validez y credibilidad ante los estándares de valoración de los tiempos contemporáneos. ¿Dónde quedó la figura de sabio consejero del rey? ¿Cuántas cabezas fueron cortadas por falsas predicciones?

Realmente, la práctica astrológica era arriesgada. Pero el mundo siguió transitando calendarios en la historia y generando métodos más propicios y creíbles para la investigación del universo dejando atrás la sabiduría, ambigüedad e incertidumbre de los oráculos. La ciencia moderna ha llevado estos saberes a las profundidades ocultas de un mundo subterráneo. Será momento de esperar que la paciencia infinita vuelva a resucitar los viejos conocimientos llamados esotéricos...

Entonces, si la ciencia logra estar en el podio, logra refutar teorías cada vez más detalladas y complejas, trasmite sus conocimientos de forma pública y transparente, ¿Por qué seguimos siendo tan ateos a esa religión? ¿Acaso la ciencia nos ha fallado o su credibilidad ha sido reducida? ¿Estaremos esperando un nuevo paradigma que logre explicar, resolver y predecir las problemáticas del mundo actual?

Frente a esta incertidumbre, el hombre ha respondido con tecnología.

Hoy en día un mundo sin tecnología es impensable. La tecnología virtual ha logrado cumplir objetivos concretos, la humanidad ha podido experimentar sus productos, pero ¿Para quienes resultó más importante? ¿Quiénes son los grandes ganadores de todo esto?

La copia del mundo real al mundo virtual generó nuevas problemáticas propias de este submundo: es fácil, veloz, pero más errático.

Ahora el hombre se tiene que enfrentar no sólo a una realidad compleja, sino también ganar batallas de los espejismos de un mundo virtual pronunciado.

En este contexto, es que el saber astrológico vuelve a emerger, desde un lugar errático, velado y deforme.

En la antigüedad los grandes maestros enseñaban a sus discípulos acerca de la importancia de la naturaleza como mundo dado. Esto no era para cualquier persona, sino más bien, correspondía a un grupo selecto. Eran quienes tenían la habilidad de entender y comprender los cambios existentes de una matriz cósmica, tan lejana y cercana a la vez.

Eran ellos los que se reunían por las noches a observar cómo en el cielo despejado se producían determinados fenómenos que eran inexplicables. Noches iluminadas, noches semiiluminadas, noches totalmente oscuras. Cómo los días iban pasando, el sol ponía a disposición las estaciones y como éstas iban cambiando la naturaleza. Me imagino conversaciones acerca de lo distinto que fueron los vientos, las mareas y los veranos.

En sí, se ponía de manifiesto de que existía algo que ya estaba presente en el mundo que generaba todo esto, como un sistema automático de funcionamiento, por el cual, no hace falta que el hombre intervenga, ya que se prende, mantiene y modifica solo.

Es aquel correr de la vida, donde por más que cualquier evento surja, la vida seguirá corriendo el tiempo que permita ser vivido.

Esta grandeza, tan omnipresente y perfecta tuvo, tiene y tendrá varios nombres. Desde estrellas fijas y errantes hasta dioses, religiones y otras más.

Pero el mundo contemporáneo, insisto, ha dejado de lado estos saberes y pasaron a ser supersticiones. Este legado lo tenemos desde la época moderna en donde el hombre pasó a ser el centro de escena. Entonces es él que puede crear, hacer, modificar y terminar a gusto y piacere como él quiere. Otra ilusión lineal.

Entonces vuelvo a la pregunta inicial: ¿A qué te dedicas?

Doy un suspiro para largar el peso de todo lo recién expuesto y respondo: "Soy astrólogo, soy estudioso de los ciclos del tiempo".

Pero eso parece no conformar a mi interlocutor.

De alguna manera tengo que ubicarlo en algún lugar que sea común para todos, que la gente lo pueda reconocer en su labor. Si uno se presenta como médico, sabe que por lo menos su ámbito podría ser con seguridad atendiendo pacientes en un hospital o consultorio.

Pero, por supuesto, nadie puede ubicar en la sociedad actual el trabajo del astrólogo.

Es un lugar que no existe. Está como "colgado" o exiliado de la sociedad. No existe empresa, no existe institución gubernamental, no existe una profesión universitaria, ni nada por el estilo.

El astrólogo se encuentra sólo en el mundo. Por ahí es ese el lugar que tiene que ocupar... Es una labor receptiva. Una vez escuché decir a un colega, con mucha razón: "el astrólogo no va a la comunidad, sino que la comunidad va hacia él".

Es cierto.

Estamos ocultos, por ahí deambulando en el mundo.

Luego, el mundo virtual actual ha traído como todos los males, la tergiversación del conocimiento en videos, plataformas, cursos virtuales y demás.

¿Desde cuándo el astrólogo ocupaba un rol de trabajador que cobraba un sueldo o que buscaba ganar dinero vendiendo cursos digitales?

Aquellos farsantes en los mercados antiguos de la edad media lo harían para sacar monedas o alimentos, lo mismo que ocurre hoy en día con las redes sociales -el nuevo mercado-.

Pero en realidad, en el servicio oracular, no había este tipo de connotación. El astrólogo era un consejero y protegido del rey o de la realeza, incluso -mientras la religión lo permitiera- eran parte del claustro de asesores.

La banalidad del mundo virtual ha llegado a la astrología, generando un impacto aún más negativo. ¿Se imaginan lo que es promocionar o publicitar algo que tiene mala reputación?

Aquí no se cumple la regla matemática de: "número negativo multiplicado por otro número negativo da igual a un número positivo".

Lo que hay detrás de todo esto es que, lleva mucho tiempo de estudio comprender aquello que los astros quieren hacer ver. Son décadas de investigaciones acerca del accionar de ese mundo cósmico. Preguntas, dudas e inquietudes que no tienen respuestas inmediatas, pero que, milagrosamente, en el ciclo del tiempo adecuado, empiezan a formar significados concretos.

El astrólogo vive haciendo hipótesis, pensando abstractamente, logrando combinar variables, símbolos y calculando tiempos, esto es haciendo uso de la comúnmente llamada "matemática esotérica". Existen esos momentos "mágicos" donde podemos encontrar dentro de toda la maraña de hipótesis patrones comunes que las unen y que permiten el surgimiento de un evento en un momento dado.

Me atrevo a decir que, entre el mundo cósmico y la concreción de un evento en la vida de una persona, nos encontramos los astrólogos.

Ese es nuestro lugar: estamos un paso antes. Antes que se abra el telón y empiece la obra. Algunas veces es muy claro, otras no tanto. A veces tenemos el honor y oportunidad de ser observadores participantes en lo que los destinos del mundo cósmico han decidido para una persona. Como tal, somos y estamos mudos. Si tenemos el permiso, podemos ver: lo esperanzadoramente bueno y lo desgarradoramente malo de la vida.

Pareciera que el astrólogo estuviera afuera del mundo, en un aeropuerto dando indicaciones.

Todos los días viendo qué aviones parten y llegan. Cuales de ellos salen en tiempo y forma, cuales de ellos no llegan a horario o bien se demoran a despegar. Los viajes que son ida y vuelta, los que son sólo ida o vuelta, o los que no van y no vuelven.

Estamos ahí firmes.

Esta es nuestra cotidianeidad, fuera del mundo común, fuera del comercio de redes sociales, fuera de todo aquello que genera distracciones para lo que realmente fue, es y va a ser.

Ese es nuestro lugar. Y es desde este lugar que hablo sobre la forma en que la vida se desarrolla en las personas.

1. ALIEN

"Yo, a los treinta y siete años de edad,
en perfecta salud comienzo a cantar,
Con la esperanza de continuar hasta la muerte.
Que guarden silencio los credos y las escuelas,
Que retrocedan un rato, consciente de lo que son,
nunca olvidados;
Guardo, para bien o mal,
permito a hablar a todos los azares
la desenfrenada Naturaleza
con su energía original".

(Walt Whitman, Extracto: "Canto a mí mismo")

El lugar del astrólogo, en realidad, tiene que ver mucho con la idea de progreso.

En este momento, se preguntarán a qué me estoy refiriendo con esto.

Es inevitable pensar cuando uno habla acerca de progreso conectar este concepto con el de avance, ir hacia adelante, el futuro y la tecnología.

Pregunto a mis alrededores y me responden con un tono abstracto y lejano; pero que de alguna forma "estamos camino a ello".

Personas de distintas generaciones mencionan: la inteligencia artificial, la robótica, el Blockchain (cadena de bloques), las redes, comunicación, entre otros.

Como si el devenir de una profecía se fuera a cumplir. No es muy descabellado que nos imaginemos inventos avanzados.

Me hace recordar que, en la escuela en el segundo grado, me habían asignado la tarea de dibujar e imaginarme qué pasaría en el año 2020. En ese entonces con mis siete años dibujé un auto que volaba por sí solo. Que decepción encontrarse con nada parecido llegado ese año.

A veces exageramos con nuestra imaginación y la realidad misma nos juega una mala pasada.

La comunicación sí nos demuestra un ejemplo de cómo las distancias se han acortado y la velocidad de respuesta se ha acelerado. En la actualidad estamos acostumbrados a hablar por las pantallas y dispositivos digitales. Mantenemos conversaciones, asistimos a clases y seminarios y también reuniones laborales.

Muchos de mis contemporáneos argumentarán que en nuestra adolescencia no existían teléfonos celulares para hablar y comunicarse como lo hacemos en la actualidad. La idea de avance y progreso nos abre un mundo lleno de oportunidades y comodidades que antes no teníamos acceso.

De todas maneras, la imaginación no deja de ser un arma creativamente poderosa, que espera los tiempos necesarios para poder replicar -de alguna manera- aquello tan deseado.

Si uno presta atención a las películas de los años setenta y ochenta, varios elementos de esa imaginación están presentes en nuestra sociedad. Como, por ejemplo: el hablar entre pantallas.

¿Estaremos usando las mismas ideas del pasado y mejorándolas?

No puedo dejar de pensar, que en realidad el pasado tiene algo que ver con el progreso. Recuperar la historia, la estructura, la utilidad de la imaginación en esos años y aplicarlas con "el avance tecnológico" en la generación de nuevos productos y nuevas formas de interacción.

La serie cinematográfica "Alien" es un ejemplo del hablar entre pantallas, pero también nos muestra una vertiente interesante acerca del "avance tecnológico". Esta historia de terror transcurre en el espacio en el año 2122. En una misión a un planeta desconocido, un grupo de tripulantes debe investigar distintas formas de vida que hay en él.

El problema surge cuando uno de ellos es atacado por un espécimen extraño que usa el cuerpo del tripulante como huésped para poder procrear dentro de él.

El resultado es que, al no realizar la cuarentena, la especie alienígena logra desarrollarse y comienza a matar al grupo de tripulantes dentro de la nave espacial.

La protagonista, la agente Ripley, deberá encargarse de luchar contra esta especie extraterrestre para erradicarla, sin embargo, se encuentra frente a un callejón sin salida.

La teniente no tiene oráculos, sino más que un sistema de información central llamado "mother" - madre en español-, el cual consulta para ver cómo matar a esta especie alienígena, y avisar a la base central de lo sucedido.

El sistema le responde, que lo más importante es el alien y que el resto de la misión, incluidos los tripulantes, eran irrelevantes.

Ahí se da cuenta, y la saga lo muestra en sus diferentes películas, como su lucha no era únicamente contra un alien sino más bien contra la compañía espacial que envía misiones con el propósito de investigar y reproducir esa especie de vida alienígena, entre otros, con fines científicos y político-económicos.

Sistemas existen en todas partes.

No podemos negar su utilidad y rapidez. La tecnología nos ha facilitado y agilizado muchos procesos, pero lamentablemente, no pueden resolver problemas complejos.

Tengamos que hacer un simple reclamo en una web donde no figura un formulario predefinido, tendremos que caer en el centro de atención al cliente, y algo, que por ahí era una consulta de 15 minutos cara a cara, se termina resolviendo en mucho más tiempo y con malentendidos.

La regla de oro es que no podemos simplificar la vida. Es muy compleja. Forma parte de cuestiones que ni siquiera nosotros mismos podemos entender cómo funcionan.

Entonces, ¿Tendríamos que replantearnos un poco nuestra realidad? la respuesta es afirmativa. Si me pregunto: ¿Para qué sirve una aplicación de citas? y respondo: para encontrar pareja. Estamos en un error. En realidad, la aplicación de citas es un negocio digital que tiene la intención de ligar personas. Simplemente eso, un negocio de entretenimiento.

Por más que nos cuestionemos internamente el por qué no encontramos pareja, aquí vamos a caer como la teniente Ripley en la respuesta predefinida que fue programada en el sistema. A fin de cuentas, y en la película lo actúa con mucha valentía y esfuerzo, no le otra opción que buscar la manera -ella sola y sin ayuda- de luchar contra el alien y el sistema.

Tal vez, en estos tiempos, donde tenemos un mundo virtual paralelo, tenemos que hacer todo lo contrario: frenar y limitar aquello a lo que estamos consultando como oráculos. Con ello quiero decir, es que existen muchas maneras mal entendidas por progreso que logran distraernos.

Pero, creo que es mejor, dejar la abstracción y generalidad del progreso y hablar en concreto de nuestra vida cotidiana. Concretamente, ¿Cómo interpretarías al progreso aplicado en ti mismo? ¿Qué es para ti progresar? Tómate unos instantes para definirlo.

Seguramente compararás alguna situación personal y cómo esta se ha desarrollado en sentido positivo y exitoso. Si ese es el caso, estás inequívocamente partiendo de una situación inicial. Ese es el pasado. Esa es tu película de los años ochenta; y el resultado es tu actualidad.

En el progreso entendemos ir "ir hacia adelante" y justamente de eso se trata: fijar un punto de partida, independientemente cuándo fuera. Pero si lo vemos como progreso, es esencialmente porque hay algo de ese objetivo-meta que resulta ser exitoso. Nos sentimos orgullosos y satisfechos de que aquello se ha cumplido para nosotros. Nos hace mejores hombres y mujeres.

En cambio, si algo ha fracasado, no lo llamamos progreso. No en primera instancia.

Entonces, en líneas generales, me pregunto: ¿A qué estamos llamando progreso, si estamos consultando erróneamente a aplicaciones de citas y como en la película Alien a sistemas al estilo "mother"?

Esto no nos hace mejores personas o nos deja 100% satisfechos. ¿Acaso te comunicas mejor y te ha resuelto problemas de comunicación los "avances" digitales?

Podemos debatirlo días y días. Pero el punto relevante aquí, es ¿Cómo uno encara su vida cotidiana bajo estas circunstancias? ¿Quiénes son mis oráculos cuando busco respuestas? Dejamos caer nuestras inquietudes en sistemas. Pero ¿Quiénes son esos sistemas? ¿los buscadores de internet, las aplicaciones, la inteligencia artificial?

Sin lugar a duda, el progreso si tiene que ver con el avance de algún tipo de conocimiento personal.

Algo que "nos dimos cuenta" y tomamos conciencia de ello. Sin embargo, no utilizaremos para entender el progreso interpretaciones acerca de los sistemas anteriormente mencionados, sino más bien a la astrología.

La razón es muy simple: su fundamentación teórica está basada en la naturaleza.

Y la naturaleza como tal, existe como materia inerte en el mundo físico del universo, como un proceso que no ha tenido intervención humana. De ahí surgen las interpretaciones de la vida.

Φ

La naturaleza sí que es sabia

"Hoy es 24 de octubre, mi cumpleaños. No puedo dejar de estar feliz. De repente me encuentro escribiendo estas líneas y mi mente se deleita con cada idea que se me cruza por mi cabeza.

De alguna forma, siempre me ocurre que el día de mi cumpleaños estoy más calmado, tranquilo y abierto a lo que la vida me pueda ofrecer.

Me llega esa nostalgia y mis ojos se dispersan a contemplar mi alrededor.

Mi ventana muestra el paisaje de otoño.

Ha tornado ser un día precioso, el sol brilla en el cielo desde un lugar "como escondido". No es el sol de medio día, sino un sol tímido que está lejos y parece pequeño. Son las tres y media de la tarde; ya hemos pasado el equinoccio. Su luz se dispersa haciendo que la sombra de los marcos de mi ventana se extienda cada vez más. Esta luz sí que llega hasta mí, pero también llegan sus altas y pronunciadas sombras. Esta quietud me muestra el movimiento que está haciendo la naturaleza.

Veo cómo los colores de los árboles se corrompen: el verde intenso sólo lo ofrecen los pinos, y luego el árbol de roble y castaña me ofrecen una paleta de colores amarillos, naranjas, distintos tonos de verdes y marrones.

Las ardillas, los cuervos y el viento producen una lluvia de sus hojas y una danza tan armónica descendiendo hasta el césped. Es como si ellas cubrieran y protegieran toda la tierra de las próximas lluvias que otoño mismo traerá.

El viento cambia, se asienta la humedad. Se siente en el ambiente. Mi café se está enfriando, pero a un ritmo lento y puedo percibir su olor. Se mantiene en mi habitación. La humedad trae vientos fríos, pero otros más templados.

Puedo sentir todo, lo cálido y lo frio, ya que sin abrigo siento el frio y con abrigo empiezo a transpirar.

Ya son las cuatro y cuarto de la tarde.

Aquí donde vivo, comienza a oscurecer.

El día fue extraño: amaneció nublado, garúa un par de minutos, luego salió el sol y ahora veo un intenso atardecer que explota de tinturas de colores rojos, rosas, violetas y amarillos.

La luna asoma, llegó la noche. El negro cubre toda mi visión. De a poco, mis ojos se acostumbran a esa oscuridad y veo como las estrellas lentamente forman sus constelaciones, veo también al planeta rojizo Marte ahí firme en el zenit.

Ahora veo en mi ventana la luz que alumbra rodeada de un círculo húmedo, los adoquines de la calle mojados por la humedad y la niebla paseando por ellas. Me doy vuelta, entro al cuarto de estar y todo está siendo preparado para mi festejo. Siento el calor de mi familia y mis amistades.

Qué reconfortante se siente aquí adentro, ¡qué frio y húmedo está afuera!"

Este es un extracto de unas notas de reflexión que buscan con gusto presentarme a ti, mi querido/a lector/a y a la vez provocarte amablemente con una simple pregunta:

¿Podemos pensar en astrología sin tener en cuenta los fenómenos de la naturaleza?

La respuesta es negativa.

Toda nuestra vida tiene que ver con estos fenómenos.

La astrología en su observación de los cielos y los fenómenos naturales van de la mano.

El día y la noche, los movimientos de los planetas, las temperaturas y vientos, las estaciones del año, el comportamiento de animales, entre otros. Toda su estructura está montada en estos saberes. Es un saber puro y natural. Puro de lo que está ocurriendo ahí afuera, del otro lado de nuestra ventana.

Hemos nacido con eso presente. Sin la intervención del hombre. El hombre no decide sobre el clima ni las estaciones. Solo puede nombrar, clasificar, comprender y conceptualizarlas.

Pero ¿Cómo es que derivamos de la naturaleza hacia la astrología?

En el otoño (hemisferio norte) encontramos la presencia de tres signos: libra, escorpio y sagitario.

El 24 de octubre hace referencia al signo de escorpio. Podemos leer descripciones de cómo son las personas que nacieron bajo la influencia de este signo y encontraremos toda una serie de adjetivos, entre ellos es "bravo", "traicionero", "malo", "vengativo", "que no perdona". Evidentemente, no tenemos buena fama.

Pero en realidad, cuando pensamos en el signo de escorpio, tenemos que entender qué es lo que está sucediendo afuera.

Hay menos luz, el sol está inclinado, las noches son más largas, la humedad, los cambios de temperatura y vientos, la corrupción de colores, las hojas de los árboles protegen el suelo, la putrefacción de la naturaleza y la aparición de hongos, el destello de colores del cielo, y todas aquellas plantas, como el pensamiento, la caléndula, la zinnia que florecen con sus colores como si fuera una nueva primavera. Esto es por lo que está pasando nuestra vida en ese momento del año. Porque simplemente, escorpio, es parte del ciclo del año.

Estas descripciones sirven para entender cómo es que son los tiempos escorpianos.

Vemos una tonalidad un tanto apagada, melancólica, pero agitada a la vez, tan necesaria para la vida.

Es una descomposición para un nuevo despertar. Todo lo que el inicio del ciclo trajo con el primer signo del zodíaco Aries, en este momento se encuentra con otro tipo de fuerza. Es un cambio, una regeneración.

Escorpio guarda toda esa energía en su interior para luego explotarla en un florecimiento hermoso, el último del ciclo, que estuvo esperando desde la primavera.

La literatura esotérica nos acerca símbolos de animales para comprender estos cambios: el escorpión per se que clava el aguijón con veneno, la serpiente al dejar su piel vieja, y cambiar por una nueva, el águila que para generar nuevas plumas debe deshacerse de las más antiguas y hasta el ave fénix que resurge de las cenizas.

Estos símbolos son traducciones del funcionamiento de distintas imágenes, en este caso del Escorpión. Son esquemas de significados que sirven para conceptualizar representaciones.

Así como el refrán nos dice: "una imagen vale más que mil palabras", es que traducimos esas imágenes nos traen a nuestra mente una suma de ideas complejas, incluso que dejan de lado un poco la lógica.

Pero estos símbolos no operan solos.

Sino más bien, forman parte de un conjunto de elementos interrelacionados entre sí que validan su funcionamiento.

Mientras la tormenta, genera pesares en los hombres porque tienen que buscar refugio, el águila coopera con la tormenta utilizando los vientos para volar por encima de ella y la tierra absorbe el agua para su regeneración.

Los símbolos entonces forman parte de sistemas. Sistemas de funcionamiento.

La astrología es sistémica, tiene muchas piezas - algunas conocidas y otras que aún tienen que seguir siendo investigadas- para ser unidas. Claramente, que de la combinación de ellas es que va a surgir algún tipo de declaración o predicciones.

En épocas escorpianas será entonces mejor, clavar el aguijón provocando conflicto (escorpión) o bien, volar alto para evitar la tormenta -conflicto- (águila) o renacer de la situación conflictiva (fénix).

Hacer declaraciones acerca de los fenómenos naturales es hacer indagaciones acerca de la vida en general, y concretamente, de nuestra vida cotidiana. Sin embargo, estudiar el universo no es sencillo. Hay muchas cosas que jamás sabremos y que quedarán en los enigmas profundos de la existencia. Pero sí existe en el mundo esotérico sistemas de traducción de lo que sucede en el universo. Y en la astrología, encontramos un lenguaje sistémico simbólico que nos enseña qué formas de razonamiento son adecuadas y propicias.

Lamentablemente para la interpretación del universo no nos sirven leyes de causalidad, sino que utilizamos un alfabeto simbólico.

Este es un lenguaje complejo que tiene su gramática y que tenemos que saber utilizarla a la hora de levantar la mirada hacia el cielo.

Estas traducciones del comportamiento del cielo nos permiten generar testimonios de nuestra vida cotidiana, porque está reflejada en ello.

Entonces, cuando nos preguntamos, qué sucede simbólicamente en el otoño, podemos extenderlo al plano material, mental, espiritual y emocional.

Empezando con el plano material, el otoño comienza con el signo de Libra, ahí sabemos que la duración de los días es igual a la duración de las noches; pero en el signo de escorpio (para continuar con el ejemplo), las noches comienzan a ser más largas. Se inaugura todo un ciclo nuevo de noches largas hasta el próximo trópico: el de capricornio, dónde empieza a disminuir la duración de la noche.

En estos tiempos otoñales las actividades que uno realiza son distintas a las que se plantearía en el verano. Además, el cuerpo requiere de más calorías, de abrigo y siente mayor pesadez al moverse, siente el cansancio más rápido, ya que la noche se está acercando más temprano.

La historia nos dejó una celebración en la época de escorpio. El 31 de octubre se celebra Halloween. De aquí que las brujas, o aquellas cosas "del mundo oculto" tienen la compuerta abierta para aparecerse.

Simbólicamente, en el plano mental, estamos más abiertos a escudriñar y profundizar en nuestras ideas. Estamos más conectados a encontrar errores e información oculta que antes la habíamos pasado por alto.

Podemos ir más profundo.

La propia corrupción de la naturaleza, en el sentido de que el sistema se quiebra, se corrompe, da un giro hacia otro nivel, nos muestra el paisaje de colores otoñales y su melancolía, su momento de reflexión y de cambio, que simbólicamente afecta a nuestro plano emocional y espiritual. Pero corromper tiene también otros sentidos.

Las "malas lenguas" -con razón- argumentarán que esta corrupción está presente en las elecciones gubernamentales o en la aprobación de los presupuestos anuales de los gobiernos y hasta incluso la gran caída de la bolsa de Wall Street en 1929, todos estos hechos corresponden a meses de octubre-noviembre (temporada del signo de escorpio).

Los símbolos forman parte del sistema gramático de la astrología.

Entender la naturaleza es entender qué es lo que sucede en los cielos, ya que muestra la representación de lo que los astros nos trasmiten.

Nosotros, como seres humanos, interactuamos con la naturaleza en un entorno compartido, que ya nos es "dado" al nacer.

El sistema astrológico conforma sin lugar a duda una matriz cósmica, que funciona de una manera automática, que intentamos entender e interpretar a partir de los movimientos naturales y que de ella derivan en sucesos que interactuamos en nuestra vida cotidiana.

No es el camino inverso: esto es, surgió un evento en la vida de una persona y buscamos la manera de justificarlo con movimientos planetarios.

No, porque si seguimos ese camino, nos llevará a la confusión, porque no tendremos la habilidad de descartar sucesos que no son relevantes para ese evento o incorporar la información completa.

Tenemos que entender de que la cosmovisión astrológica funciona como un prisma que altera la polarización de la luz. Si la luz atraviesa el prisma se puede descomponer en un arcoíris de colores.

El análisis -y esto es para cualquier tipo de análisis de temáticas de la vida que uno realice- no puede comenzar desde el resultado (el arcoíris).

La mente no puede mostrarnos todos los colores, solo algunos, dejando fuera de nuestro alcance a otros.

Por consiguiente, si partimos de un resultado incompleto, nos llevará a un error, ya que no consideraríamos el arcoíris entero. Es por ello, que, en este lenguaje simbólico, a cada símbolo corresponde un conglomerado de significaciones, con distintos niveles y segregaciones.

Esta información es sumamente relevante a la hora de analizar nuestra vida cotidiana. Si yo soy un pensador, un filósofo de mi vida, tengo que considerar también, aquellos puntos que no puedo ver y que no puedo entender. Aquello que mi cerebro no puede procesar porque no puede estar en distintos lugares al mismo tiempo, porque tampoco puede ver los colores que una máquina de infrarrojo puede mostrar, porque tampoco puede saber las intenciones de todas las personas en este momento.

En los próximos capítulos, cuando nos enfrentemos a los diferentes problemas de la vida, buscaremos considerar aquello que está por fuera de lo que sucedió: los colores del arco iris que no hemos visto.

Toda aquella información, que no conocemos, que está ahí y que forman parte, por así llamarlo de la incertidumbre, del azar y de ese algo "mágico" que no puedo llegar a entender.

2. DESHOJANDO MARGARITAS

-La historia de Laura-

"No vayas por la vida, crece por la vida".
(Eric Butterworth).

Existe una creencia cultural en la que vivimos estresados. Nos estresamos fácilmente o lo que mi madre me decía cuando era niño: "Todo te molesta". Mi madre no toleraba ni caprichos ni berrinches. Cuando ella decía "no" era realmente un "no". No había posibilidades de torcer su voluntad. A veces faltaba una simple mirada inquisidora para que me hiciera entender que mi actitud ya había llegado a sus límites de tolerancia.

Aún de grande me pregunto si mi madre perdía la paciencia rápidamente o si, en algún punto, yo era lo suficientemente molesto para estar insistiendo una y otra vez. El resultado fue que el hábito de esto creó un mecanismo donde ambos sabíamos que se estaba acercando el límite.

Lo negativo de esto fue: que en el primer "no", ya perdía mis esperanzas de que iba a conseguir lo que pretendía. Por más que insistiera, no iba a conseguir nada de nada.

Lo positivo: es que el "no", me permitía dejar de dar vueltas en lo mismo y encapricharme. Entendí de que eso no era posible y que tenía que buscar otras cosas para hacer.

De alguna manera esta enseñanza hizo que dejara el capricho de la fijación de aquello que quería y me diera libertad para encontrar otras opciones. Por supuesto, en el marco de ese límite.

Incluso mis ancestros siempre han encontrado la oportunidad para convencerme de que en sus tiempos mi conducta era penalizada por sus progenitores como una insolencia. Y que, en cierta medida, tenía que estar agradecido de tener el privilegio de que mi madre o mi padre no hiciera lo mismo conmigo.

Podría escribir muchos poemas, reflexiones, cartas y dedicar muchos capítulos a estos enunciados, pero creo que sería perder el foco de lo que quisiera contarte.

Podemos incluso argumentar o, de hecho, aspirar, a que, con los años, nosotros ya viejos, empezamos a desarrollar esa paciencia. Porque, en definitiva, siempre vamos a estar colgando del hilo de nuestros cabales, y en cuanto más sabios nos volvemos, intentamos que por más que alguien tense ese hilo, no permitir que se nos rompa. O bien, que se rompa la paciencia.

Mi tía abuela tenía esa sabiduría para escuchar todas las barbaridades que decía y aun pacientemente explicarme, enseñarme, y - ¿por qué no? - corregirme.

Pienso en ella y me digo a mí mismo: es que las metas en esa edad no son hacia afuera, sino más bien, internas; con uno mismo.

El adulto anciano tiene metas de logros personales, y su objetivo será dejar de lado una visión irritable y desesperanzada del mundo por una experimentada y comprensiva.

No dejo de pensarlo; la tolerancia viene con los años... Y mientras imagino a mi tía abuela sentada en la puerta de la ventana del balcón mirando los autos pasar y diciendo: "qué acelerados van todos"; de repente escucho unos ruidos incómodos que cortan esa inspiración.

Mi vista redirige su atención a, que, en este momento, un niño de unos seis años está haciendo una escena de gritos, patadas y malas palabras hacia la madre en el medio de la calle.

El niño la está insultando con calificativos bastante dañinos. Ella está intentando convencerlo de que tienen que seguir caminando.

Él está frenado, sentado en la suciedad, enojado, con los brazos cruzados, llorando a los gritos.

Somos varios los que estamos atentos a esta situación, desde la perspectiva de testigos que estamos sentados tomando un café, con su computadora, en compañía, o como quien les escribe con su cuaderno de anotaciones.

Este es el microclima que quiero trasmitirle al lector.

¿Tú qué harías si estuvieras en el rol de la madre?

En mi infancia, mi madre me agarraría del brazo y me llevaría retándome, continuando camino.

Algunas que otras veces, me habría dado una palmada en el trasero para que me calle. Pero en la cultura que vivo hoy en día, esas cosas son consideradas violentas y no están permitidas.

Lejos de juzgar o evaluar si es la mejor o peor actitud que uno puede tener.

¿Cómo interviene la madre? ¿Deja que el niño se calme solo? ¿Cómo hace la madre para que la situación no escale? ¿Acaso esta situación viene de la mano de una falta de firmeza por parte de la madre?

Ese niño crecerá, será adulto, tendrá por lo menos alguno de los siguientes títulos: amigo, padre, novio, esposo, jefe, colega, conocido, vecino, etc. ¿Habrá aprendido su lección?

El mundo lo espera con los brazos abiertos para que siga adelante.

Mi mirada perdida escucha -sin querer- la conversación de mi mesa vecina. Dos amigas desesperadas contando las recientes decepciones amorosas. Toda una obra de teatro alrededor de los problemas de las aplicaciones y la tecnología. ¿Habrán hecho berrinches cuando eran niñas frente a la decepción del rechazo?

Cada uno y cada cual encuentra sus estrategias para tener paciencia y tolerancia en la vida. Y cada uno y cada cual, tiene en su repertorio de experiencias de vida distintos momentos, más dóciles y ásperos, en donde aprende a vivir tolerantemente.

Para tener paciencia hay que persistir.

Persistir no es lo mismo que insistir.

La insistencia agrupa al mismo conjunto de hechos en una situación. Uno insiste en lo mismo. Es como tocar el mismo timbre hasta que alguien me atienda. Persistir es mantenerse firme ante las situaciones: ellas pueden ser distintas, variadas y cambiantes.

Generalmente estamos ante algún tipo de entorno no familiar respecto nuestros deseos, convicciones o creencias. Nos molesta la falta de comodidad y eficacia.

En algunos casos se presentan diferencias muy tajantes, que desafían y dificultan mantenernos firmes.

Siempre podemos encontrar excusas para abandonar.

Aquí los berrinches son hacia nosotros mismos, por más que encontremos personas a las que le echemos la responsabilidad. Algunas veces tiene sentido, pero el camino recorrido nunca puede ser quitado.

Persistir en la vida implica mirar hacia adelante.

Acumulamos experiencias en tres bolsas grandes: pasado, presente y futuro. Las cargamos en nuestro auto imaginario y agarramos la carretera.

En ese camino encontramos distintos lugares, más o menos amenos, para descansar y cargar gasolina. Ahí es donde damos vuelta hacia atrás y nos preguntamos: ¿Valió la pena? ¿Estoy bien dónde estoy? ¿Qué hubiera sucedido si hubiese tomado distintas decisiones? ¿Si hubiera hecho esto o lo otro, estaría mejor que ahora?

Es muy sencillo imaginarse un futuro prometedor, una versión superlativa de lo que nos sucede hoy en día, simplemente si hubiera decidido hacer otra cosa distinta a la que he hecho antes.

Y más aún si me comparo con otros que, según mi sistema de clasificación, están mejores que yo.

Tenemos la habilidad de jugar con nuestra mente creando escenarios fortuitos y no tan fortuitos.

Pero ¿qué sentido tiene? ¿busco amargarme?

Es exactamente lo mismo que vernos al espejo desnudos a las siete de la mañana, donde todavía no hemos ingerido ningún alimento, y compararlo a las once de la noche antes de irnos a la cama a dormir, donde vemos el cuerpo y su postura cansada, hinchado de líquidos y alimentos.

Hacer conclusiones desde la noche no nos va a traer muchos ánimos. El cuerpo persiste ahí presente con sus cambios transitorios y estructurales a lo largo de nuestra vida.

Es lo que más cambia, se llena y se vacía una y otra vez. No es constante: cambia de forma, se excita, se relaja, se embellece, se enferma, se daña, se lo cuida.

Lo que sí es constante es su cambio y nutrición. Hay que mantenerlo para que funcione bien.

Uno persiste en la vida en su cuerpo, independientemente de cómo sea este. Nunca nos cuestionamos si lo que me estoy preguntando en este momento, tiene sentido de ser analizado o respondido en ese preciso momento.

De nuevo, ¿En qué momento del día me voy al espejo a juzgar mi cuerpo?

La mente nos juega trucos. Cuando insistimos mucho en el algo, evidentemente no estamos considerando las circunstancias tal como se presentan. Es más cuando insistimos mucho en algo, en realidad, se desprenden conductas automáticas, que tienen inercia o hábitos. Por ahí, ese no es el momento adecuado para hacer berrinches...

Hace ya varios años que se viene hablando de la sobreinformación. Este fenómeno que muestra todo el contenido basura que existen en los medios con los que convivimos actualmente. Pero también, se ha gestado una sobre-clasificación: pareciera que estamos obligados a buscar una definición constante a lo que nos está sucediendo, cuando en realidad, en algunas ocasiones es juzgarse a sí mismo desnudo frente al espejo antes de ir a dormir.

El persistir sin tener el chequeo constante de algo, nos pone, en la sociedad actual, en un lugar estresante. Nos pone nerviosos no saber, no chequear, no insistir. Nos altera dejar que las cosas sigan su curso. Ahí es donde, inevitablemente, tendemos a compararnos con otros.

La siguiente historia muestra un poco acerca de esto:

Laura, una clienta reciente, se cuestiona luego de veinte años su profesión.

En su escuela secundaria fue la mejor alumna de su división, su reporte mostraba las mejores notas y sus maestros avecinaban un futuro jugoso.

Se ponían a disposición para presentar cartas de recomendación, la impulsaban a que elija la mejor universidad del país e incluso le habían gestionado la posibilidad de una beca de estudio en una universidad privada de negocios.

Sin embargo, ella no quería asistir a una universidad. Su gran motivación era ser profesora de historia en la escuela. Ya lo había decidido. El apoyo de los profesores y sus intentos por hacerla cambiar de opinión la habían desmotivado, pero, de todas maneras, Laura sigue con su convicción y se dedica al profesorado de historia.

A pesar de estar en un muy buen momento, veinte años más tarde llega a mí, con todas estas inquietudes del pasado, que fueron reactivadas luego de un festejo de reencuentro que tuvo con algunas compañeras de su escuela.

Inevitablemente Laura se comparó con los sucesos vividos por sus compañeras y sus dudas comenzaron a jugarle una mala partida. En una de sus consultas astrológicas me pregunta directamente:

- "¿Si yo hubiera estudiado una carrera de negocios me hubiera sentido así? Siempre quise ser exitosa, y creo que lo soy, pero en la reunión me sentí totalmente desvalorada, la gran mayoría tienen cargos importantes en empresas grandes a esta edad".

Por supuesto que se trataba de algo transitorio, pero no pude dejar pasar la oportunidad para reflexionar desde otro lugar respondiéndole:

- "¿Es acaso el destino insistente como para traer lo que tenga que traer?"

Laura se desconcertó con la respuesta ya que en primera instancia no entendía que tenía que ver su situación con lo que le estaba planteando.

Sin dejar que su espiración se transforme en palabras, le reformulo: "¿Acaso persistir en lo que te gusta no tiene valor para tu destino?"

Su desconcierto era mayor que antes.

Laura no entendía absolutamente nada de lo que le estaba diciendo. Pero estas preguntas fueron la antesala para una gran explicación.

Aquí interesan dos cosas: la primera es qué definición de éxito tiene Laura para ella misma y la segunda si es tan fácil torcer lo que el destino le trajo simplemente por una decisión propia.

La primera: cuando buscamos definiciones acerca de conceptos "obvios" tendemos a dar una respuesta socialmente aceptada.

Esto es que los que interactúan estén de acuerdo con lo que se dice, porque forma parte de algo socialmente valorizado como algo normal y esperable. Socialmente aceptado puede ser que el éxito tenga algo que ver con la fama, el dinero, el estatus o nivel de una posición, con la felicidad, etc.

Pensamos en la palabra éxito y nos imaginamos muchas cosas. Armamos nuestra propia película de éxito.

Nadie dice: "Soy exitoso porque me va mal en la vida" y nadie espera que alguien piense eso del éxito.

El punto es que le pregunto a Laura: ¿Qué es el éxito para vos? y me responde la respuesta socialmente aceptada.

Entonces, lógicamente, al compararse con esa respuesta, se siente desvalorizada y que su carrera de profesora de historia no tiene sentido para ese concepto de éxito.

Aquí hago una salvedad y le digo: te recuerdo que me dijiste que vos estabas bien con tu carrera.

Su respuesta fue afirmativa. "Si, es cierto".

En realidad, hay que reclasificar y resignificar ese concepto de éxito, porque como tal, tiene una historia.

En el caso de Laura, esa historia hacía referencia a las expectativas que sus profesores y padres tenían acerca de su profesión cuando era adolescente.

De repente, la vida le vuelve a traer eso, y aquí es donde se para en el medio de la carretera a cargar gasolina y a cuestionarse si las decisiones que tomó fueron correctas.

Pero lo interesante, es que esa pregunta no tiene sentido de ser hecha en la situación actual que se encuentra. En realidad, forma parte de la inercia que el pasado le ha traído a su momento actual.

Con respecto a la segunda cuestión; el destino: el motivo de consulta de Laura fue qué pasará en su futuro profesional, si ella iba a tener éxito.

A partir de distintas técnicas astrológicas llegaba al resultado de afirmativo. Laura iba a tener un incremento en su posición social, en su estatus. Ella iba a recibir honores y reconocimiento. Esto se podría traducir en algún tipo de ascenso.

Efectivamente, me llama a las pocas semanas para decirme que estaba muy contenta de que en la escuela la iban a nombrar directora el próximo año.

Le respondo: "¡Te felicito por tu éxito!" y se ríe a carcajadas.

En astrología helenística partimos de la premisa que la astrología es predictiva.

No centraliza sus respuestas en el "ego" o el "yo". Una persona no tiene el poder, sobre todo. ¡Y, menos mal! ¿Te imaginas si tuvieras que controlar y dirigir cada suceso que ocurre en tu vida?

La astrología no lidia con caprichos de un niño que no quiere caminar con la madre.

Aquello que tiene que suceder, va a suceder. Está escrito, el destino lo ha marcado.

En la situación de Laura, no importa la profesión que ella elija. No importan los títulos o que sea llamada gerente de un área o algo por el estilo.

Si ella hubiera elegido una carrera de negocios, iba a recibir los honores. Si ella hubiera elegido otra carrera, iba a recibir los honores igual.

Eso no cambia.

Para la posición que ella tiene en su carta natal, iba a ser algo que le iba a mejorar, independientemente de la profesión que ejerza.

El éxito es con uno mismo. Uno elije de qué manera servir en la sociedad o que es lo que profesa. No existen profesiones que traigan más o menos éxito.

En todo caso, lo que si vemos que hay es que existen profesiones más aceptadas y menos aceptadas en la sociedad.

Aquellas que tienen una mejor reputación y aquellas que tienen una pésima llegada a la gente.

Puedes ser un profesional (visto por otros como exitoso) que está lleno de deudas y problemas laborales; y nunca logras realmente tener un reconocimiento ni honor.

Y también, podría ser que seas una persona que no tiene una profesión, pero de repente, conoces a alguien o te asocias con alguien importante que cambia tu situación para mejor.

Y también puede encontrarte en el caso contrario, que sea un momento en donde pierdes honores; en ese caso, también se procederá de la misma manera. No importa lo que hayas elegido, perderás los honores, títulos o el reconocimiento.

El éxito de Laura radica en que ella ha elegido una profesión que le permite desplegar sus aptitudes y capacidades de una manera cómoda y adecuada para sus necesidades, sin importar lo que social o culturalmente sea visto como "mejor" o "peor".

La realidad es que es ella quien tiene que ir a desempeñar esa función todos los días y no los demás.

Los demás no viven nuestra vida. Nosotros mismos la vivimos.

Esta es la manera que empezaremos a analizar distintos temas y circunstancias de la vida.

Los pondremos en el centro de escena, ahí arriba, en el escenario con muchas luces.

Los veremos cara a cara, y buscaremos comprender qué nos quiere decir.

Muchas veces no haremos caso a su contenido. Sino a su forma y su funcionamiento. Iremos descomponiendo los temas de la vida en sus partes para poder cranear mejor lo que implica. Nos haremos preguntas. Reflexionaremos acerca de ellas. Buscaremos respuestas.

Será como deshojar los pétalos de una margarita. Pero no tiraremos la margarita cuando no nos queden más pétalos.

Sino que la reconstruiremos exactamente igual como era, con la diferencia de que tendremos a disposición una nueva forma de pensamiento y comprensión. ¿Y ya no haremos la típica pregunta que las películas muestran cuando se deshojan las margaritas "¿Me quiere o no me quiere?".

Podremos estudiar a la vida desde otro lugar. Desde una perspectiva más amplia y menos espuria. Ese es nuestro objeto de estudio: la vida.

¿Qué es la vida? Y;

¿Qué es la vida para ti?

La primera pregunta la puedo responder, la segunda pregunta, no. Lamentablemente no te conozco y no sé qué es la vida para ti.

Pero te puedo comentar algo general acerca de cómo la astrología ve a la vida.

La vida es una sucesión de eventos que está interrelacionados entre sí.

En esos eventos ocurren circunstancias para ti y para otros. Estamos involucrados con otros. Se desarrolla toda una serie de comportamientos, emociones, pensamientos y acciones.

Alguien ha tomado la decisión de que vengamos a la vida a transitarla.

Nos iremos de ella con un bagaje de experiencias. Pero no simples experiencias, sino, más bien experiencias que involucran el corazón, la mente, el cuerpo, otros, lugares, imágenes, sensaciones.

Esas experiencias son las distintas películas que el cineasta pone para que veamos, las cuales somos protagonistas.

El material de nuestra vida, son los eventos que vivimos. Eso es lo que hace la experiencia.

Por eso mismo, prestamos atención central a todos aquellos eventos que resultan relevantes para nosotros.

Los eventos nos marcan la ruta para seguir, incluso sin que nos demos cuenta.

El mapa, nos lo dieron. No lo hemos elegido nosotros. Nacimos y ya estaba. Entonces, a ese mapa hay que estudiarlo bien. Hay que conocerlo muy a fondo para entenderlo. Ese mapa, es nuestro destino. No podemos cambiar de mapa. Es el único mapa que tenemos.

En el mapa de Laura le tocaba luego de veinte años de profesión, sus honores. Eso decía su mapa.

De aquí se desprende, de que es muy difícil torcer el destino.

Tanto para eventos que son gloriosos como para eventos que son perjudiciales.

Podemos mitigar, podemos potenciar, podemos suavizar o facilitar; pero los eventos se terminan por consolidar y concertar en la experiencia de la persona. Si pensamos en escuchar música, sería como establecer la graduación del volumen.

Somos así, los aciertos buscamos que sean escuchados y con alta potencia, pero bien que preferimos un volumen casi bajo o mudo para los desaciertos.

Pero si uno está atento, puede ir descifrando de a poco las frecuencias, y es esto lo que ocurre con los eventos.

Llamamos eventos a todo tipo de circunstancia que genera algún tipo de alteración en la persona. Hay eventos que no tienen poder de influencia en el individuo, pero hay otros que generan cambios de 180°.

Lo que sí sucede con los eventos, es que siempre recordamos el contenido de lo que aconteció y cómo eso nos impacta.

Nos queda el gusto de aquel evento. Si el gusto es agradable, no pasa nada.

Si el gusto no es agradable, entonces es cuando nuestra mente empieza a buscar explicaciones. Centralizamos la atención a aquellas cosas que hicieron que el gusto sea desagradable: lo que alguien dijo, cómo lo dijo, el contexto en el que sucedió el evento, cómo nosotros actuamos ante eso, lo que hubiéramos hecho y no nos animamos, o no nos dimos cuenta; entre muchos otros factores.

Podemos pensar, pensar y pensar toda la historia repasándola en nuestra mente y nunca llegaremos a ningún lado. Estaremos ofuscados y sin respuestas.

Con la ayuda de la astrología podemos encontrar una clasificación de eventos que nos permitirá indagar cada vez que estemos frente a un problema. Nos dará una dimensión más allá del contenido que involucra el tema que estemos tratando.

He seleccionado algunos ítems de una lista que tengo para mis clientes personales, pero que creo que son los más importantes para identificar los eventos que nos suceden.

Tomaremos el ejemplo de Laura.

- Personalización del evento: aquí me interesa saber a quién está dirigido el evento. ¿Hacia mí? ¿Hacia otros? En el caso de Laura. Ella asistió a una reunión de ex-compañeras de la escuela.

Por supuesto que todas las asistentes a la reunión van a buscar la manera de sobresalir. De que haya pasado el tiempo y se vean increíbles. De que la vida les ha sonreído. Porque esas reuniones tienen esa característica: chequear qué ha sido de aquella persona con el correr de los años.

Entonces la sensación que se le impregnó a Laura, de desvalorización, ¿fue dirigida a ella personalmente o era el clima que todos dirigían hacia todos? Aquí lo que vemos es si hay un evento dirigido hacia uno mismo, o hacia otros.

Y si es hacia otros; ¿son importantes ellos para mí? Laura está tomando esa mala experiencia para ella porque resultó ser algo personal o porque está "comprando" esas sensaciones que están en todos los demás?

-La modalidad del evento: los eventos que se dan en nuestra vida no son todos iguales. Tienen distintas formas de expresarse. Están los eventos sorpresa: pareciera que de repente algo logra cambiar la situación de manera radical.

Si es positivo es como que "algo cae del cielo", o quizás vemos como simplemente las "cosas se acomodan".

Si es negativo lo vemos como un castigo que nos toca vivir. Y nos quedamos preguntándonos a nosotros mismos "¿Por qué a mí?" Sea cual sea el caso, este tipo de conformación de eventos se manifiesta como algo sorpresivo, esporádico, a veces liviano e inesperado. Laura quería asistir a la reunión de sus compañeras de escuela con la ilusión del reencuentro. Sin embargo, sus expectativas se vieron desafiadas al ver que, en realidad, terminó llevándose un recuerdo desagradable.

Pero, de todas maneras, si existen eventos que los vemos venir y son llamados eventos esperados. Son aquellos en que todas las pistas se reúnen y nos muestran que va a pasar fácilmente.

Laura me trasmitió que su trabajo en la escuela era firme y bien visto. Que haya tenido un ascenso se desprendía fácilmente del producto de su esfuerzo personal. Era esperable.

Por otro lado, a veces nos vemos inmersos en eventos intermedios: estos eventos los llamo así, porque sirven de trampolín para otra cosa.

A veces surge alguna circunstancia que hace un cambio inminente en nuestra vida. Son eventos que no entendemos. No en ese momento en el cual se estableció.

Pero de alguna manera, hay que prestarles mucha atención, porque muestran puntos de inflexión o giros en nuestra vida. Son advertencias -a veces positivas, a veces no tanto- pero sí que saben movilizarnos a nuevos horizontes.

En ellos existe un nuevo aprendizaje que debemos incorporar para nuestro futuro. Son trampolines, hay que saltar con confianza para lo que se vendrá próximamente.

La experiencia de Laura en la reunión le ha servido para revalorizar su concepto de éxito y sentirse mejor con ella misma. Entendió que era un evento necesario para reafirmar y encarar su futuro de una manera firme y constante. Ella lleva su ascenso profesional de otra manera, sino hubiera asistido a la reunión.

También existen los llamados eventos erráticos: los defino como un juego de tenis de mesa o ping pong. A veces la vida nos trae estos eventos que son totalmente opuestos a nosotros, los tomamos, y luego otra vez, nos vuelve a traer otro evento opuesto, y así sucesivamente. Somos la pelotita que se va moviendo de un lado a otro.

Esto es sencillo de ver en las opiniones: ¿Cuántas veces cambiamos nuestra posición respecto a un tema?

- Fuerza y calidad del evento: existen eventos que nos afectan más que otros. Son aquellos que tienen más potencia dentro de nosotros mismos.

Laura se cuestionaba sus logros profesionales simplemente por una reunión. El peso de esa reunión fue bastante fuerte como para hacerla dudar. En ningún momento se cuestionó que esto era simplemente una reunión donde todos se "vendían" a sí mismo como lo mejor. Es que el peso que tenía este evento estaba asociado con la historia pasada en que ella decide no seguir una carrera de negocios.

- Frecuencia del evento: este es un punto importante. Si el evento se repite en el tiempo, entonces genera un hábito en la vida de la persona. La persona se acostumbró a él. Hay otros eventos que son esporádicos. Se dan una vez sola o pocas veces en la vida. Hay otros eventos que son intermitentes, porque se dan con cierta periodicidad. Pero lo importante aquí, es relacionarlo con la frecuencia con la fuerza y calidad del evento.

En el caso de Laura fue un evento de gran peso que se dio una única vez. El resultado fue un gran impacto en ella, porque ella misma le ha asignado un peso fuerte. Pero ¿qué hubiera sido de Laura si esta reunión se realiza regularmente?

-Direccionalidad del evento: aquí encontramos una gran subclasificación. Eventos que empiezan y acaban, llegando a su objetivo, eventos que se mantienen firme en el tiempo (unimos al tiempo la constancia), eventos que se interrumpen abruptamente o bien necesitan una pausa, eventos que parecen ser de una manera, pero luego termina siendo de otra; y eventos que quieren llegar a un objetivo, pero lo hacen de una manera no convencional.

Veamos más de cerca el caso de Laura: su evento empezó y acabó. Cumplió su objetivo de reunir a las excompañeras de escuela. Pero estoy seguro de que, si vuelve a darse ese evento, Laura o bien no asiste, o bien asiste con una expectativa diferente.

-Preconfiguración: este punto es muy interesante. Los eventos se van configurando con el tiempo.

El mismo correr de los días encontrará el "material" necesario para que esos eventos se vayan formando hasta llegar a concertarse en un tiempo y un espacio. Puede que existan muchos eventos que no lleguen a concertarse, pero que siempre están pre-armados o a punto de gatillarse, quedan pre-configurados, pero no profesados. En algún momento, se darán, puede hasta incluso que se materialicen luego de la muerte del nativo.

Pero hay que estar atento.

Aquí salgo del ejemplo de Laura y te hablo a ti: ¿nunca pensaste que tienes todas las chances para que se cumpla aquello que estás deseando y de repente, sucede algo que lo arruina?

Tengo muchos ejemplos, de vagas ilusiones que no llegaron a su objetivo; pero lo interesante de ello, es que a veces los eventos están pre-configurados, pero no logran expresarse. No en los momentos deseados. Es como si le faltara la frutilla final en la copa de helado y crema.

Están las condiciones, pero hay algo que estipula que no es el momento.

Algunos amigos nos dirán: "Por alguna razón no es".

Y si, ese algo está indicando que el evento no se configuró. Así existen eventos que se materializan - se concretan- y eventos que no.

En realidad, esos eventos quedan como "suspendidos" en el tiempo. Por ahí en un futuro, podrá expresarse, y tal vez, de una manera más amable de la que esperamos.

En resumen, estamos considerando todos los eventos que la vida nos puede ofrecer, incluso aquellos que no llegan a concretarse, pero que nos muestran indicios.

Esto nos da a entender el gran nivel de complejidad que tienen simplemente los eventos a la hora de ponerlos bajo la lupa de nuestro análisis.

Y este es, nuestro objeto de estudio. Ahora lo conocemos: no el lineal. Es complejo y con muchas aristas.

Mi primera recomendación para todo aquél/aquella estudioso/a de la vida es estar advertido. No precipitarse con conclusiones.

Es muy común que nos quedemos atados a las palabras, expresiones y reacciones de cualquier evento. Esto es, darle importancia al mensaje (contenido). Intentamos buscar justicia y explicaciones coherentes a lo que ya ocurro. Y, lamentablemente, nadie va a poder hacerlo.

Si queremos agregar nuevos niveles de análisis a cualquier temática, tenemos que dejar el contenido explícito del evento y llevarlo a un mayor nivel de abstracción.

La clasificación anterior de los eventos nos muestra esos niveles mayores de abstracción. Entonces aquí, tenemos una herramienta esencial que la astrología nos trae: la posición.

Posicionar los eventos, esto es; ubicarlos en donde corresponden; nos proporcionan un gran ahorro de ida y vueltas mentales de cara a analizar un tema.

En el caso de Laura, ubicar al evento en donde corresponda permite darle un nuevo nivel de entendimiento y una lógica nueva que nuestro cerebro tiene que enfrentarse.

En cambio, la automaticidad podría llevarnos a una sobrerreacción, angustias e irritaciones.

Por lo tanto, en vez de perder tiempo en buscar soluciones a las cosas que se dijeron (contenido), se utiliza ese tiempo y esfuerzo en ubicar coherentemente al evento.

De esa forma, somos más justos con nosotros mismos.

3. REY DE CORAZONES

El Sol nunca deja de brillar
Arriba es siempre celeste y dorado
Las nubes van y vienen
Forman figuras
Rápidas como el humo
Cubren todo
Gestan tormentas
Pero el Sol siempre está ahí
Arriba de todo y todos, brillando."

(Ignacio Kardya, Extracto: "Rey de Corazones")

Las últimas generaciones hemos crecido con el Leitmotiv de querer ser alguien especial, o por lo menos, sentirnos que el mundo nos considera algo especial.

Como un rey de corazones que puede dominar y controlar sus emociones. Que dicta las ordenes de su corazón y que corresponden con aquellos que pueden llevarlas a cabo. Que defiende lo que más quiere: su grandeza, pero más aun lo que dicta su corazón.

El Marketing y los medios sociales nos han inyectado altas dosis de esto.

Quien es popular tiene un cuerpo en forma, sigue las últimas tendencias, se reúne con muchas amistades, puede tomar decisiones libremente sin ataduras y, para las generaciones un poco más antiguas como la mía, se resume en comprar una casa, tener un trabajo estable de renombre, hijos en escuelas privadas, recursos económicos, autos, etc.

Ser exitoso, ser exitosa requiere, bajo esta idiosincrasia, tener algunas -o muchas- de estas características bajo nuestro dominio.

Perseguir estos objetivos forman parte de un común denominador, que por supuesto, se irá ajustando a los cambios de los tiempos y las tendencias culturales.

En esta carrera, la vida se nos pasa como una película, que a veces, no entendemos el argumento de esta, o bien, buscamos simplemente que el final sea feliz y agradable.

Sentirse especial también tiene un mercado propio de productos y servicios. ¡Cuánto ha invertido la psicología en los años noventa en el "estudio" y venta de la felicidad, que han apoyado este paradigma!

Hoy estamos en otro lugar, en otra sintonía. En un mundo empapado de la inercia y letargia, que tiene exceso de información innecesaria y exceso de desconexiones entre nosotros mismos.

Ser especial en este contexto, es un poco más difícil, porque los comunes denominadores fueron reduciéndose. ¿Quién es influenciable para mí? ¿Quién es influenciable para ti? Seguro nos respondemos diciendo: "No, no sé quién es".

Hoy. Ahora. Actualmente: ¿A quién seguimos?

Una consultante me pregunta, de manera general, en una videollamada: "he realizado todos los pasos que me han recomendado, pero no tengo la respuesta a lo que busco".

Me sincero con ella y le respondo con la siguiente pregunta: "¿Crees que puedes influir 100% tu entorno para lograr lo que quieres?".

No es mi intención desilusionarla, pero hemos crecido con la idea de que "si yo me lo propongo, va a suceder", porque en el fondo, creemos que somos especiales y que realmente va a suceder lo que esperamos.

¿Tan libres somos que podemos controlarlo todo?

En la medida que vamos recorriendo el camino de la vida nos damos cuenta de que aquellas soluciones o recetas mágicas ya no nos sirven para afrontar nuestra realidad actual.

Abramos el juego, volvamos a repartir las cartas. Saquemos nuestro "ego", "ser", "conciencia" - o tantos otros nombres- del centro de escena.

Veamos la realidad tal como es: para eso necesitamos del entorno -real, no el entorno virtual-. En muchas ocasiones nuestro entorno nos da muchas pistas. ¿Qué pasa en mi entorno? ¿Qué tiene para decirme y yo mismo aportarle?

Ese entorno es lo que es, es la realidad, a veces es complejo modificarlo. El entorno no siempre ayuda.

El típico ejemplo cuando uno se jubila, y -en estos términos- uno deja de ser productivo para la sociedad.

Entonces, ¿Cómo ser especial con estas condiciones?

Las oportunidades de alguna forma terminan siendo escasas y en el sentimiento de exclusión que la misma sociedad avala, nos damos cuenta cuán uno está fuera de lo que todos hablan y hacen.

En la antigüedad, sin embargo, los ancianos eran considerados grandes maestros que trasmitían saberes a las nuevas generaciones. La sabiduría, la experiencia y el tiempo iban de la mano. Esta antigua tradición no ha encontrado, a mi pesar, innovación en los tiempos actuales.

Quienes han crecido y envejecido en estos tiempos han acumulado modelos sociales ajenos de sabiduría.

Aquellos exitosos a punto de jubilarse ¿Qué han aprendido de la vida? ¿Qué es lo que pueden trasmitir y enseñar? ¿Por qué no son escuchados como antes?

El mundo los ha dejado de lado. Sus saberes de éxito ya no son requeridos por los jóvenes.

El mundo tiene otras tendencias. Plantearle a la juventud actual los siguientes interrogantes: ¿Sostener el mismo trabajo 25 años? ¿Tener una relación estable? ¿Divertirse sin pasarse los límites? ¿Dejar de lado lo que me gusta para comprometerme en otra cosa? es completamente inverosímil.

Es entonces cuando vemos que sentirse especial por seguir los modelos de la sociedad deja nuestros corazones abiertos a muchas incertidumbres. Pobre rey de corazones.

Nuestras viejas creencias y el sentido que teníamos de la vida toman otro color. Mi padre, ya en sus 80 años me decía: "Ahora estamos retirados, y, aunque queramos, la gente no tiene tiempo ni paciencia con nosotros (los jubilados). Nos atamos a las rutinas simplemente para pasar el tiempo. Es lo mismo que sea martes o miércoles".

Entiendo que algo de esto ha resonado en las nuevas generaciones. De alguna manera se intenta buscar nuevas soluciones que garanticen el sentirse especial. Por ahí sus formas no son las más adecuadas, pero el intento está. El miedo a la soledad y a la vejez parecen ser más grandes, por eso, encontramos a disposición en cualquier medio formas de alimentar nuestro ego.

Existe un gran abanico de opciones. Todas personalizadas. Y esto, ha llegado también, como es de esperar, a la astrología. Estudios astrológicos complejos de meses se pueden realizar en una consulta de una hora y media.

Creo que es momento de poner los puntos claros: eso es imposible. Creer resumir o sintetizar la complejidad que implica el universo y sus simbolismos en tan poco tiempo es una utopía.

Tal vez, "ser especial", en tiempos remotos, implicaban cuestiones más de cómo el entorno iba a favorecer o desfavorecer al nativo.

En la literatura helenística, de hecho, se estudian diversas técnicas, para evaluar el rango que la persona podría llegar a tener, si iba a recibir honores del rey, o bien tener un reinado próspero, o bien si quien consultaba era un esclavo, podría llegar la oportunidad de ser liberado.

Hoy, sin embargo, los astrólogos nos encontramos con preguntas de índole existencial por parte de nuestros clientes, tales como: ¿Cuál es mi destino y propósito en la vida?

Como hemos visto en el apartado anterior, la vida la hemos definido como una sucesión de experiencias (eventos) que se materializan. Pero esos eventos no vienen de la nada misma. Son respuestas del universo. Hay que situarlos en tiempo y espacio.

De esta manera, dibujamos nuestro mapa personal en donde esos eventos van a trascurrir en el tiempo. Es por ello por lo que he optado, a propósito, por juntar estos dos conceptos: destino y propósito.

Existen tantas definiciones como campos de conocimiento acerca del destino. Este concepto forma parte de la cultura universal de las personas. Todos tenemos alguna referencia en cuanto a la definición de destino. Incluso, cada cual puede aportar su grano de arena a este entendimiento.

También en el campo astrológico, existen diversas corrientes que hacen referencia a distintas formas o mecanismos de caracterizar al destino.

Tener una idea, aunque sea vaga, de lo que el concepto "destino" tiene en nosotros es radical. Ya que, los eventos y experiencias que vivimos no ocurren solos y aislados. Parecieran que tuvieran una continuidad o algún tipo de relación. Ellos formarán la historia de nuestra vida.

Hablar del destino es hablar de un soporte, de aquello que hace que reproduzca automáticamente la historia de nuestra vida en la pantalla de mi experiencia.

Entender el destino, es entender el guion que el director de cine está gestionando para que la película sea entendida por nosotros.

Entiendo que otras tradiciones traen a colación el concepto de "Karma". Pero aquí, lo vamos a dejar de lado. Ya que, desde la tradición helenística no podemos hablar de destino en sentido único.

En la etimología griega el destino era entendido como "moira". Significado que se atribuye a partes divididas de un todo. Como parcelas de un terreno. Desde un punto de vista más espiritual o esotérico, se puede entender como un terreno que es asignado antes de nacer, en el cuál, el alma -luego de las decisiones de los dioses- encarnaba en la vida con esas porciones.

En este sentido, los destinos son iguales a las parcelas que a uno le son asignadas por la divinidad.

No podemos pensar el todo sin las partes, ni las partes sin el todo.

Estas parcelas del terreno -parte del todo- son visibles en la carta natal, a partir de la conformación de lo que se conoce como casas astrológicas.

En la jerga astrológica las casas se utilizan como áreas de vida, como algo desconectado de los destinos o moira. Parecen ser temas típicos estancados de la vida cotidiana: el cuerpo y personalidad, los recursos económicos, los traslados, la pareja, el trabajo etc. Sin embargo, para la tradición, distan de ser espacios o puntos geográficos temáticos únicamente.

Para los astrólogos helenísticos, estos espacios son de familiarización y operatividad. Hay espacios más visibles y operativos y otros menos visibles y no operativos, y nosotros vamos a entenderlos como lugares.

Lugares donde uno puede llevar sus asuntos adelante, y otros en donde no puede realizar nada de lo conocido y familiar.

En realidad, el entorno se puede ver en todas las casas o lugares. En cada lugar existen espacios más conocidos y familiares y otros lugares que son menos conocidos y más extraños.

Si suponemos que una casa es nuestro barrio o vecindad, sabemos y conocemos y nos sentimos más a gusto con nosotros mismos en aquellos lugares de nuestro barrio que se relacionan más con nuestras preferencias y apetencias.

También existen esquinas y calles, las cuales no nos gustan y no nos sentimos cómodos. Las transitamos porque debemos pasar por ellas para llegar de A a B. Esto nos indicaría que cada parcela se puede subdividir en distintas partes más o menos familiares. Pero, a modo de simplificación, volvamos a las parcelas enteras.

¿Cómo distribuye el astrólogo helenístico el destino en estas parcelas? O lo que es lo mismo, ¿qué tipo de destinos encontramos en nuestra vida?

Para sorpresa de muchos y en contra de la creencia popular de que controlamos el destino en su totalidad, la astrología helenística nos muestra la existencia de diversos tipos de parcelas -destinos- y, aunque quisiéramos, no podemos tener injerencia activa en todas ellas.

Como digo siempre, el hombre no controla la naturaleza ni el universo, sólo participa de ellos como un agente más.

Sin embargo, existe un primer tipo de parcelas en las cuales el hombre puede poner sus manos a la obra y trabajar en ellas. Ahí si tiene toda la posibilidad de labrar la tierra.

El hombre tiene el libre albedrio de siempre de poder tomar decisiones acerca de aquello que tiene y viene a él. Puede aceptar, rechazar, sostener, destruir, consolidar, acercar, alejar, amar, dañar, agrupar, seleccionar, abandonar y separar todo tipo de categorías: personas, fenómenos mentales, eventos y circunstancias, entornos, a sí mismo en cuerpo, mente y alma.

Con cada decisión que tomamos vamos trazando el mapa. Es como un auto en el cual somos los conductores y nuestras decisiones van armando el camino hacia donde nos dirigimos.

En algunos momentos estamos muy seguros de saber hacia dónde vamos, pero también, las vueltas del destino nos ponen dudas en la elección de que ruta tomar. Esta es una de las tantas paradojas de la vida.

Tenemos control de nuestras decisiones y, a veces, de nuestras actitudes. Tomamos una actitud frente a la circunstancia que nos rodea en ese momento.

Y aquí, hay que hacer una salvedad. Ni las circunstancias ni mis actitudes hacia ellas son las mismas.

Varían de tiempo a tiempo, como veremos más adelante, en el capítulo de Ciclos del Tiempo.

El cuerpo y su cuidado. Los objetivos y metas que persigo en mi vida y la intención que pongo a ello. Qué profeso en mi vida. La actitud hacia las vinculaciones con los demás - a quién me acerco y de quién me alejo- y hacia las normas de la sociedad. ¿Qué hago para que la sociedad reaccione así? Las actividades que realizo - profesionales, de placer y por obligación. Las bases - físicas, morales, afectivas- que luego de un proceso de selección sostengo, etc. Esto sí depende de nosotros.

En el juego de la vida todos tenemos un tablero distinto y adaptado a medida para nosotros. Depende de nuestras decisiones como lo jugamos. Por lo tanto, nuestro rey de corazones no puede sentarse en su trono esperando, tendrá además que actuar en respuesta a lo que la vida le trae.

Ahora bien, ¿Qué sucede con aquellas otras parcelas en las cuales no podemos tener control?

El resto, podemos clasificarlo como otro entramado - por así decirlo- de la "matriz cósmica" que interviene o ha intervenido en nuestra alma para conformar esos destinos en los cuales hemos sido asignados.

La primera parcela de este grupo que quisiera mencionar es la más conocida por todos y es la llamada letargo, paro o inactividad y muerte. Aquellos que han tenido contacto con la muerte - por cualquier motivo que haya sido- entra en ese tiempo de suspenso e inactividad, en donde intenta procesar ese fallecimiento. Existen muchos motivos, circunstancias, tipos de muerte y modalidades en las cuales se expresa.

Pero, en líneas generales, a no ser que el propio individuo tome una decisión que desafíe los tiempos de la naturaleza, no es algo que podamos controlar.

Este es el ejemplo más claro y -doloroso- para citar; pero también, existen otro tipo de circunstancias donde nos enfrentamos a momentos donde los planes, situaciones, relaciones entran en un lapso de quietud.

Pareciera que no podemos hacer nada al respecto, que no depende de nosotros, por más que queramos.

Estamos en paro buscando empleo y no aparece nada de nada. No hay entrevistas ni oportunidades. Nos falta información para entender por qué sucede lo que vivimos. Entramos en una situación de paro, freno, inactividad.

Esta parcela tiene la contracara de otra parcela que indica el modo de vida que llevamos a cabo. Cuales son nuestros recursos económicos y no económicos que nos permiten desempeñarnos en la vida.

Si la muerte nos ha dejado una herencia, si pese a la inactividad tenemos ahorros, posesiones y asociaciones que nos permitan mantener un tipo de modo de vida. Nacemos con los recursos que son necesarios para llevar a cabo nuestra vida.

Por supuesto, pueden cambiar, por las circunstancias. Uno mismo podría pensar que siempre tiene influencia en ello. "Si trabajo más gano más" pero esa es una premisa que no se sostiene en los tiempos astrológicos. Tú puedes tener mayores ingresos y gastar más, tener pocos ingresos y ahorrar; o bien; tener hoy muchos ingresos y mañana muy pocos. De repente una asociación hace incrementar sus ingresos o, todo lo contrario.

Nunca sigue un camino directo, derecho o lineal. Sea cualquier cosa a la que se dedique, se vincule u obtenga rentas, siempre va a tener lo que la parcela ha destinado que tenga.

Existen otro tipo de parcelas que dependen exclusivamente de las condiciones del azar o la suerte. Mientras tanto, nuestro rey de corazones se está sintiendo incómodo porque está perdiendo el control...

La Buena y Mala Fortuna.

La característica de ambas es que son completamente impersonales. Surgen de la nada, como un accidente o espontáneas, y de alguna forma, "algo o alguien desconocido" parece que se las hubiera ingeniado para que sucediera. Este tipo de parcelas dista de aquello tan planificado y exacto que los amantes de la precisión anhelan.

Días interminables en donde pareciera que todo el transporte público no funciona y tardamos el triple de tiempo en volver a nuestro hogar. Días en donde "justo" he pisado la baldosa floja y me he caído. O, de repente, bajo la temperatura dos grados y el único que se enferma del grupo soy yo. Mala suerte.

Otros días, en donde todo parece funcionar tan perfecto, tan ideal y tan bien, ¡que hasta nos encontramos dinero en la calle! y esos otros días, que marcan historia en nuestra vida, donde -sin saber cómo- por una "casualidad" nos encontramos con el amor de nuestra vida.

Muchos hablan de proyección psicológica, ley de atracción de lo que "uno emite es lo que uno atrae", de sincronicidad, de atención plena, y de otros conceptos, pero en realidad nos estamos refiriendo a la buena y mala fortuna.

El error, para aquellos que no son buenos pensadores de la vida, es creer que uno puede ir en busca de su suerte. Es algo que "viene de arriba". No hay posibilidad de que uno genere algo para encontrarlo. Tal como viene, se va.

En estas parcelas, concretamente, reinan el azar, la casualidad, no existen las medidas justas o injustas, no hay reglas lógicas, simplemente es así, y escapa a nuestro entender cotidiano cómo es que tal o cual situación ha sido traída a nosotros. Simplemente ocurren.

Tampoco podemos elegir los hermanos ni los padres que tenemos. Ellos han sido asignados por algo o alguien - no lo sabemos con claridad-.

Esta parcela nos muestra como nos vamos familiarizando con lo que tenemos al lado nuestro. Con aquellos con los que convivimos día tras día al nacer. Si vamos de visita a la casa de nuestro hermano estamos en un contexto familiar, nos es conocido, sabemos que es un traslado hacia algo que es una extensión de lo propio, algo que podemos ya saber cómo va a ser.

Esta parcela nos traslada hacia lo cercano, incluso hasta nuestros sueños. Nuestro gran cine interno lleno de imágenes vívidas y películas de todo tipo de género y directores. No nos movemos, nos seguimos manteniendo en algo que es común a nosotros.

La tradición dice que en esta parcela goza la Diosa Selene -deidad lunar, la madre- y, de hecho, esta parcela recibe su nombre.

También hay otro tipo de destino caracterizado por los "Dioses". Existe una Diosa y un Dios - figurativamente-. En esta parcela es que el hombre viaja a terrenos desconocidos en busca de sabiduría. En su búsqueda consulta a los oráculos, eleva intenciones, cuestiona preguntas filosóficas y pone de manifiesto creencias, que hasta "montañas pueden mover".

Es aquel poder que un Rey - en el sentido de la persona en sí misma- consulta al mago en búsqueda de respuestas para cumplir con su misión.

¿Cuántas veces hemos pedido consejo a personas que realmente han sido como maestros sabios en nuestra vida? ¿Cuántas veces consultamos los astros en búsqueda de respuestas? ¿Cuántas intenciones han sido elevadas desde nuestras creencias y religiones? Esta es la parcela para estos cometidos. El gozo del Sol, del padre, del Dios, del Rey.

Finalmente, llegamos a las últimas dos parcelas. Las que devienen de la influencia de los "Espíritus". Aquellos considerados guardianes y aquellos que nos entorpecen y desvían de nuestro camino.

Pareciera que estos "ángeles y demonios" fueron elegidos de manera personal. Los vemos. Están alrededor nuestro representados por personas que nos rodean y que interactúan con nosotros. Forman parte de nuestra vida, incluso los encontramos en el trabajo, en las parejas, en las amistades o vecindad, hasta incluso en familias.

La parcela del buen espíritu es aquella que ayuda al hombre con sus objetivos y metas trazadas. Es aquella alma caritativa que nos ayuda a salir adelante y nos hace sentir queridos. Es un regalo y beneficio de aquello que nosotros profesamos.

En contraste, la parcela del mal espíritu nos genera distorsiones, bloqueos, no deja que las cosas lleguen a nosotros. Es encontrarse con alguien y sentir que algo no está marchando bien, que por una razón que no podemos explicar nos cae mal.

En la parcela de la inactividad, lo que falta es información. En esta parcela, en cambio, está representado por personas o situaciones que, a veces por ingenuidad, con intención logran desviarnos del camino. Nos causan males y disgustos. Aquí la frase "no te lo tomes personal" está totalmente fuera de lugar. En este caso, quien ha obrado como tu bloqueo lo ha hecho con intenciones y sí, es feo decirlo, pero es personal.

¿Qué hemos aprendido de esto?

Nos encontramos ante una teorización acerca del destino que es plural.

No es única y en donde nuestro poder de control se reduce a una parte del todo.

A veces nos culpamos de nosotros mismos por sucesos que creemos que somos enteramente responsables, y en realidad, no contemplamos, por ejemplo, de que hemos sido presas de la mala suerte. Descomponer el concepto de destino en parcelas permite que entendamos otro tipo de acercamiento a la hora de responsabilizar los eventos de nuestra vida. Liberémonos de tanto sufrimiento culposo prefabricado. A veces, las cosas que ocurren no tienen mayor explicación lógica.

"Os declaro libres"

Algo interesante de esta tradición es que las parcelas o destinos, también nos permiten ubicar cada cosa en su lugar. Recuerda lo que hablamos acerca de los eventos.

Me acuerdo en mis estudios de economía, en los cursos de estadística avanzada, se buscaba tratar de determinar o dar algún tipo de orden a la incertidumbre. Incluso, existen modelos económicos teóricos que hablan de ello. Esto es lo mismo, se busca ordenar aquello conocido y desconocido que emerge de la vida del individuo.

Con ello, nos encontramos también que muchas frases coloquiales que repetimos una y otra vez a veces no son aplicables a cualquier contexto.

¿De dónde proviene ese suceso?

Es algo que yo he elegido o es producto de la Buena o Mala Suerte, de los Oráculos o Sueños, o bien, de los Buenos o Malos "Espíritus".

¿Qué es lo que me ha tocado y me toca vivir?

Aquí es donde, entra el propósito de la vida.

Ante la gran pregunta ¿Cuál es el propósito de mi vida?

Creo que el lector se está dando cuenta de la complejidad que implica la respuesta. Porque pensar en un sólo propósito es imposible. Si pensamos a largo plazo, ya que, por lo general, este tipo de pregunta tiene un carácter más "profético", podemos encontrar una respuesta. Y es, mantenerse en camino. Ese es el propósito. Mantenerse manejando el carro, descubriendo hacia donde nos estamos dirigiendo.

El tablero de juego ya está fabricado, y en esto es que realmente somos especiales. Muy distinto a lo planteado al principio del capítulo. Ser especial te permite que tengas a disposición un conjunto de parcelas, con algunas puedes hacer mucho, con otras no tanto. Algunas te ayudan, otras te perjudican, pero tú decides cómo manejarlo.

En la conducción de tu propósito es que encuentras tu libertad. ¿Me siento libre porque nadie me impone reglas? o ¿me siento libre porque cumplo las reglas?

Libertad de opinión y de expresión, de elección sexual, de elección de pareja, de traslado de personas a otros países, libertad de propiedad, libertad para votar, libertad financiera, etc.

Nuestro lenguaje ha proporcionado gran cantidad de constructos muy particulares y específicos de la libertad.

Las sociedades han formado países con escritos que hablan de libertad (leyes, tratados, constituciones), con funciones públicas ejercidas por ciudadanos que castigan o promulgan la libertad (jueces, abogados, escribanos, jurados), con instituciones que las ejercitan (parlamento, senado, estado, salas de audiencia, prisiones, universidades académicas de derecho, etc.), y con la participación de la sociedad que entiende cómo tiene que hacer para ser libre.

Las quejas para ser libre, o dejar ser libre, las vemos en debates mediáticos, enfrentamientos, protestas y marchas de activistas en las calles, que amplifican las cuestiones que están "bien" o "mal" en una sociedad.

Ser libre permite que participemos activamente -de alguna forma- en las decisiones que se toman en nuestra sociedad. Algunos pueden expresar su voto, otros pueden iniciar una causa pública en su comunidad barrial, otros pueden contratar abogados para ser defendidos, otros pueden pedirle al estado que salga en su defensa, o pedir algún tipo de intervención del sindicato en su trabajo.

Existen múltiples variantes de tener contacto con la libertad. De por lo menos, intentar de que esa circunstancia sea escuchada por alguna audiencia.

La libertad como concepto no puede dejar de estar relacionada con las leyes.

Sabemos, en el mundo que vivimos, que aquello que infringe la ley es -generalmente- castigado. Que, en el extremo, la persona que infringe es llevada a la cárcel para cumplir una condena en reclusión. Pierde su libertad y es extraída de las calles. No tiene más a su disposición el libre albedrío para decidir sobre sus menesteres diarios. Su vida cotidiana fue decidida por la autoridad legal. Esta persona, ha perdido su libertad, por el tiempo que le haya sido establecido.

Uno se sentiría a gusto con esta teorización. O por lo menos cuidado por la sociedad.

En épocas medievales, esta era la protección que otorgaba el señor feudal. Sin embargo, incluso desde esa época, sabemos que no siempre ocurre así.

¿Qué aporte nos deja la astrología con respecto a la libertad?

La realidad, es que el cielo funciona como un sistema jurídico.

En los cielos también existe, por así decirlo, un orden sistematizado en donde los signos zodiacales, las relaciones entre los planetas y otros puntos de la bóveda celeste, como los honores o dignificaciones que tiene cada planeta en el hogar donde reside; cumplen un rol en el preservar, mantener, penalizar la libertad.

"El orden supera a la brillantez" dice el dicho, y es que, este orden celestial es un gran sistema jurídico organizado. De este sistema devendrán las distintas situaciones que enfrentamos en nuestra vida cotidiana.

Un ejemplo astrológico de la libertad

El estudiante de astrología antigua se enfrenta a muchas incógnitas en su trayecto a formarse como astrologo/a. De repente encontramos textos que manifiestan que Aries, Leo y Acuario son clasificados como "libres".

El mismo estudiante o aficionado se cuestiona a sí mismo: "Pero, yo cumplo el 15 de Julio, soy de Cáncer. ¿Entonces no soy libre?"

Se agita, da vuelta la página y llega a la descripción del signo de Cáncer, en donde no sólo la palabra "libre" no está presente, sino que se encuentra con un "servicial" o "sirviente".

El segundo razonamiento que le viene a la mente: "tengo que servir, o nací para servir al resto".

Aquí le respondo con un pequeño estímulo: en primer lugar, esas descripciones no hacen a la persona. Por más que diga que las personas nacidas en ese signo son de esa manera. La descripción de la personalidad, en astrología, está compuesta por muchos otros factores, no así por una simple definición.

En segundo lugar, muchos de nuestros grandes maestros han escrito su saber en prosa, en forma de poemas, o bien, notas explicativas de temas puntuales, que conforman un gran acabado de pensamientos y formas de entendimiento de este saber. Incluso, algunos escritos sobre técnicas de predicción son revisados en libros posteriores del autor.

Finalmente, es útil en estos momentos distinguir la práctica astrológica del estudio personal astrológico.

Del estudio astrológico uno puede generar estrategias de aprendizaje para hacer más cómodo el contenido que está asimilando.

Pero, lamentablemente, en la práctica astrológica no tiene aplicación.

La relevancia de estas estrategias sirve únicamente para agilizar la mente. Pero no son menos importante, ya que en el entramado de la predicción astrológica es necesario relacionar muchos conceptos a la vez, y aquí es donde el trabajo personal de estudio muestra su mejor suerte.

Vamos a retomar el concepto de libertad de estos tres signos bajo los dos tipos de acercamientos: el del estudio personal y el de aplicabilidad práctica astrológica en el siguiente ejercicio:

En el estudio personal, uno puede aplicar los supuestos que quiera, pero deben ser coherentes con las bases astrológicas y sus fundamentos.

La premisa para trabajar es que Aries, Leo y Acuario son signos libres.

Existe una razón, por la cual en la descripción antigua de estos tres signos la palabra "libre" está presente. Aquí podemos jugar con las hipótesis que queramos.

En esta ocasión, me interesa analizar qué sucede con la libertad desde el punto de vista de sus formas de gestión (o gobierno), esto es: desde las elecciones que cada uno de estos signos tiene.

La hipótesis: ¿De qué depende su libertad? En primera medida de su forma de gobierno.

Con ello, quiero apelar a la imaginación del lector y reubicarlo en la edad media.

Si personificamos a cada signo, construimos a Aries como el guerrero que estará comandando la lucha con el pueblo vecino y que estará al honor y servicio de su rey y en representación del pueblo.

Aries elegirá, por libre voluntad y lealtad, ser un caballero que va a la guerra. El pueblo lo reconoce, el pueblo sabe qué hace un caballero y qué función ocupa dentro del sistema sociopolítico de esa sociedad.

Personificamos a Leo como el Rey de la sociedad. De su gobierno dependerá toda la sociedad o pueblo perteneciente a su clan. Máxima autoridad y reverencia para muchos. Decreta lo que tiene que ser aceptado, simplemente, porque el Rey o la Reina lo dice. Su principal actividad es comandar y dirigir; pero también seleccionar. Selecciona su corte y administración. Selecciona sus consejeros y su legión. Y es el único que puede otorgar honores. Su sello y firma tienen poder y prestigio.

Acuario, por su parte, es el llamado signo celestial, pero con forma humana -el aguador-, que -por sorpresa de muchos- tiene desconfianza por lo relativo a la humanidad. Está sólo, focalizado en sus propios objetivos, vertiendo el agua de un cuenco a otro. Puede ser generoso, pero también traidores de la reputación y de la verdad. Muchos autores personifican al signo de Acuario como el "loco" o "marginal" de la sociedad. Pero, en la tradición, los locos no tenían derechos privilegiados. Si no, que eran repudiados, encerrados, incriminados, golpeados, abucheados y castigados. Contrariamente a esas visiones, Acuario es libre. La sensación que ofrece la literatura es que la maldad de acuario "viene" de los cielos y se instala en cualquier persona o situación dentro de aquellas figuras de la sociedad que tienen poder. Un escenario donde la persona puede elegir como actuar.

En este pequeño ejemplo vimos tres situaciones de expresión de la libertad en forma de lo que elegiría cada signo: libertad de acción por el pueblo, libertad por dominio y recompensa con honores la lealtad de sus fieles, libertad de desconfiar y ocultar.

El malentendido de unos y otros puede llevar a grandes errores de interpretación, más aún cuando uno atiende a un cliente, o hace alguna predicción para sí mismo. Esto no quiere decir que la persona nacida bajo el signo de Acuario es loca o mala, o que si es de Aries tendrá que ir a la guerra, o si es de Leo es un dictador ingobernable por los demás.

Cuando pasamos del estudio personal a la práctica astrológica, entendemos que esas descripciones de libertad nos hablan acerca de eventos, circunstancias o personas que estarán representadas de alguna manera en nuestra vida.

A grandes rasgos, la libertad de Aries nos traerá evento/s que darán el primer empujón, o que comienzan desde nuestra propia voluntad y por nuestros propios valores.

Esta libertad de elección es propicia de situaciones donde uno está decidido a ejercer determinada acción, incluso sin saber el por qué. En nuestra mente no encontramos una explicación puntual. Pero es algo que necesitamos hacer, por ahí por un honor hacia algo o alguien.

El tipo de liberación que nos puede traer Leo es en práctica definido por una autoridad.

¿Cuántas veces recibimos una ayuda de alguien que nos acomoda en nuestro camino de vida?

Una autoridad, un gobierno, un jefe que nos da esa libertad para actuar. Pero también nosotros mismos, que tomamos las riendas de ciertas circunstancias de nuestra vida y salimos a gobernarla. Soy libre respetando sinceramente quien soy y quienes son los otros.

Acuario nos muestra una libertad de posición.

Establecemos una posición respecto a algo, decidimos actuar a favor o en contra, pero es esa decisión que vamos a mantener.

Puedo ser partícipe de un evento poco afortunado, pero soy yo quien tomo conciencia ante esa situación: este evento está caracterizado por alguien que me está provocando ¿Puedo identificarlo? ¿Me dejo provocar? o ¿Puedo mantenerme en mis cabales sin necesidad de sobre reaccionar? ¿Puedo mantener quien soy sabiendo que hay una traición o desconfianza? ¿De quién desconfío?

Concretamente, si me encuentro en una situación conflictiva y tengo que liberarme de ello, cómo es que se presenta esa posible liberación: ¿corto abruptamente de raíz la problemática (aries), centralizo mi valor para ejercer el control y gobernar la situación (leo), o bien;

enfrío y mantengo mi posición con respecto a la situación (acuario)?

Mi libertad la ejerzo bajo mi estilo personal.

Los eventos se pueden presentar de la manera que vimos anteriormente, pero ¿qué pasa si estoy pasando por un momento de inactividad, o qué pasa si realmente no tengo el apoyo de absolutamente nadie en este momento de mi vida o me dejo guiar por algún representante de espíritus malignos?

Aquí estamos combinando diferentes tipos de niveles: cómo soy, cómo reaccionaría ante la situación y qué me depara el destino en este momento.

Supongamos que pierdes tu trabajo, y cuando lo comentas en tu círculo de conocidos, todos te dicen: "No te preocupes, vas a encontrar un trabajo rápido, tienes un excelente currículum". Y estás atascado con esta idea y la excelente carta de recomendación que tu ex-jefe te escribió. Sin embargo, el destino te trae un momento de inactividad.

Aquí hay un problema. Por mucho que tengas toda la motivación necesaria para gobernar (como el signo de Leo) tu búsqueda de empleo; tendrás que enfrentarte a un tiempo de letargo. Esto es, que todo lo que te propongas va a tener que esperar.

Nadie presta atención a lo que los ciclos del tiempo nos están mostrando. El punto es que si insistes en ir a buscar trabajo en este momento en particular, puedes frustrarte porque tu búsqueda no tendrá éxito.

Digamos que eres como el signo de Leo. Y le respondes a la gente: "Puedo hacerlo, lo voy a lograr". Por mucho que la gente te diga: "Sí, es cierto ya que tienes una fuerte autodeterminación", la vida real te mostrará algo más.

En realidad, tu determinación personal tendría que ser aplicada para sostener o liderar ese momento de inactividad.

Volviendo al concepto de libertad.

Tienes la libertad de poder hacer lo que quieras con ese tiempo de inactividad. El problema es saber identificarlo. Debes prestar atención a lo que la vida te está queriendo transmitir en este momento. En momentos de letargo, las formas de ejercer la libertad son diferentes, a las que tenías anteriormente.

Entonces a nuestro rey de corazones, que ya se ha levantado de su trono, le digo en confianza: deja de culpar a la corte por los problemas de tu reinado.

Y también te digo, no te culpes por las situaciones que vives y aún no entiendes por qué te están sucediendo.

Tal vez quieras reinar en un momento donde la suerte no te acompañe.

4. QUE YO CAMBIE NO ES EXTRAÑO JACK

-La historia de Xisca-

"Cambia lo superficial
Cambia también lo profundo
Cambia el modo de pensar
Cambia todo en este mundo
Cambia el clima con los años
Cambia el pastor su rebaño
Y así como todo cambia
Que yo cambie no es extraño."

(Mercedes Sosa,
Extracto de Canción: "Todo Cambia")

Tenía 20 años cuando escuché por primera vez en la universidad de economía las teorías de los ciclos económicos.

En economía se los utiliza para describir de una manera intuitiva las alzas y bajas en la producción de bienes y servicios.

En general, cuando hablamos de ciclos estamos involucrando en ellos fenómenos, eventos y sucesos que hacen que aquella curva vaya para arriba o para abajo - desde otra perspectiva un juego de cóncavo y convexo. Se ve el resultado.

Si nos encontramos en un ciclo de expansión, veremos como la curva irá creciendo hasta llegar a su punto máximo (auge), para luego ir decreciendo - entrando en recesión- hasta llegar al punto de depresión, para volver a comenzar un nuevo ciclo.

Los ciclos mismos pueden ser subdivididos por su temporalidad: corto, mediano, largo plazo. Pero también por su volatilidad: desde una pequeña variación haciendo el ciclo "aplanado" hasta una alta variación, haciendo del ciclo que crezca como su fuera la cumbre de una montaña.

Si hacemos un viaje por las distintas disciplinas que nos traen algo de información de los ciclos podemos pasar desde las más abstractas hasta las más aplicadas.

Las matemáticas con sus funciones, sucesiones y series nos muestran todo tipo se ciclos.

La psiquiatría también nos aporta información acerca de los ciclos en su descripción del trastorno bipolar, donde trasladamos el concepto de ciclos a las fluctuaciones patológicas del estado de ánimo.

La naturaleza nos muestra el paso de las estaciones del año cumpliendo su ciclado anual. Nuestro propio cuerpo entiende cuando es el momento de estar despiertos y activos, y cuando se termina el día y requerimos descansar.

La vida es un ciclo para todos los seres vivos de este planeta. Todo termina siendo un ciclo.

Pero hay algo que si queda marcado.

Cuando vivimos ciclos de contracción o depresión, nos queda bien guardado en nuestro cerebro. Parece ser que los recordamos como hechos muy vívidos que nos marcan para seguir con la vida.

Y es así, cuando mezclamos colores cálidos, obtenemos una paleta de colores hermosa, y solo el incorporar el color negro a ella, hará que toda la mezcla se oscurezca y quede monótona. Esto es lo mismo, salir del color negro lleva más tiempo.

El repunte del ciclo, para comenzar una nueva expansión es más costoso.

Es muy común ver como a la gente en general, cuando se encuentra en un ciclo de expansión, donde la vida le sonríe, se siente cómoda, sin problemas, parece ser que las soluciones a sus problemas son sencillas y que la vida es, en cierta manera, más simple. Hasta que el tiempo siga su curso y nos encontramos con una fase de recesión.

Si tomamos en cuenta el ciclo económico, podríamos pensar en aquellos momentos expansivos donde una persona tiene un ingreso aceptable, puede permitirse gastos en vacaciones, gustos personales, comprarse bienes inmuebles y muebles, etc. Sencillamente, uno dispone de mayores recursos económicos, entonces puede permitirme mayores gastos.

En cambio, en los ciclos de recesión, es donde empezamos a ajustar nuestros gastos: buscamos no viajar tanto, o realizar vacaciones más baratas, tratamos de tachar de nuestra lista aquellos productos y servicios que son prescindibles. Se tiende a realizar una reingeniería de gastos. Tal vez, dado el caso, podemos aún ahorrar algo para un futuro próximo.

Finalmente, en épocas donde se extiende un período de depresión es cuando más ajustamos los gastos, a veces, pedimos ayuda por préstamos, tomamos ahorros de épocas anteriores o vendemos bienes inmuebles, buscamos un aumento salarial, o bien caemos bajo una situación de emergencia económica.

Lo primero a remarcar es que ciclar o participar de un proceso de ciclos es lo más común y normal en la vida.

Pero la astrología nos enseña que además de los distintos tipos de ciclos en su duración y volatilidad, existen ciclos que son generales y otros ciclos que son particulares.

Entre ellos se enlazan momentos y eventos que hacen que eso ciclos tomen una consistencia.

Recurriré nuevamente a la economía para hacer énfasis en que los ciclos generales son ciclos estructurales, no pueden ser modificados en el corto plazo, ya que están bien marcados y son la base general de todo lo restante.

Y los ciclos particulares, son los ciclos coyunturales que hacen referencia a aquel momento particular dentro de la estructura.

Por ejemplo: si nuestra estructura es positiva, esto es el ciclo general de vida que estamos viviendo es positivo, expansivo, el resto de los temas particulares o coyunturales que vivamos no van a modificar el punto de partida o la estructura de la que deviene.

Si particularmente tengo problemas laborales y tengo que cambiar de empleo; pero mi estructura es buena; tal vez decida renunciar, tomarme un tiempo y luego buscar, porque tengo los recursos suficientes para sostenerme económicamente.

En cambio, si la estructura general es negativa, lo más probable es que el cambio laboral requiera que busque empleo mientras estoy en el trabajo actual, y de esa manera, no perder ingresos.

No hay un sólo ciclo general. No hay que alarmarse. Existen muchos ciclos generales y muchos ciclos particulares.

Los ciclos particulares o coyunturales en nuestro ejemplo, podemos entenderlo como temáticas personales: el amor, el trabajo, la amistad, la familia, las posesiones, los viajes y traslados, etc.

En cuanto a un segundo punto a remarcar es que no existe en los procesos de ciclado "linealidad".

Por así decirlo, hablamos de curvas. Las curvas tienen vueltas, redondeos y complejidades (concavidades y convexidades).

Si nuestro ciclo general es positivo, no significa que todos los temas particulares de la vida serán positivos y viceversa.

Como sabemos, la naturaleza y la vida es perfecta en su imperfección. Por eso mismo, cuando tendemos a ver que "todo está bien" o "todo está mal" estamos polarizando una ilusión.

Porque siempre va a ver algo que está incomodando, y siempre habrá algo que estará a disposición.

Es muy fácil buscar en nuestra historia personal sucesos del pasado que decimos: "Pero si esto así estaba bien, porque ya no es como antes".

Definitivamente que los ciclos afectan a nuestro estado de ánimo, y lo peligroso es creer la utopía del absolutismo: Bien o Mal.

Siguiendo con nuestro ejemplo de los ciclos económicos, podemos pensar que, dentro de ese ciclo general económico, el comportamiento de una acción en la bolsa sería un pequeñísimo subciclo particular. Pero nos sirve de utilidad para entrar en mayor profundidad.

Supongamos el precio de una acción o de una moneda virtual estilo Bitcoin.

Si dibujamos en una gráfica todos los días durante varios años el precio del Bitcoin, se nos formarán curvas que marcarán distintos ciclos.

Veremos cuando el valor de la moneda virtual ha llegado a su máximo valor, y cuando habrá llegado a su mínimo valor.

Apreciamos que cuanto más pronunciado es la montaña -esto es el ciclo- mayor riesgo se asocia, debido a su volatilidad.

Si hemos sido afortunados de comprar la moneda a un precio bajo y venderla en alguno de sus puntos de auge, habremos hecho un muy buen negocio.

Pero qué sucede si hemos comprado caro y de repente, la moneda se destella en su precio. Habremos perdido nuestra inversión.

Es el típico ejemplo asociado a la inversión: el riego que uno está dispuesto a correr. Aquí encontramos nuestro tercer punto, el riesgo, que aparece en los ciclos.

En nuestra vida cotidiana puede ser traducido como desesperación, desilusión, desesperanza, y por supuesto, pone en riego nuestra salud emocional y mental. Muchas veces, tendemos a hacer cosas inesperadas o no pensadas para no perder algo o a alguien. Sostenemos, anímica y temporalmente, relaciones, por ejemplo, que ya han cumplido el ciclo necesario, y que de alguna forma - utilizando términos financieros- hay que "asumir la pérdida".

Y si bien, todos tenemos pérdidas y ganancias en nuestro haber, los ciclos son complejos y no-lineales; esto es; que no es sencillo entender bien, hasta cuando es que este ciclo duró.

Supongamos que nos hemos peleado por motivos importantes con un amigo, y que la misma inercia del tiempo y los hábitos hacen que nos volvamos a encontrar; pero la problemática no se resuelve y suceden los mismo infortunios reiteradas veces.

¿Será momento de asumir la pérdida? ¿Interesa tener un activo en pérdida en mi portfolio de inversiones? ¿Volvemos a apostar a la amistad -en nuestro ejemplo, recomprar activos a precio menor?

Es así como del riesgo surge el cuarto, y último punto a considerar en los ciclos, el punto de inflexión.

Se llama punto de inflexión al punto en que la función (curva) cambia de dirección. Este punto puede encontrarse en cualquier lugar de la curva.

Los más claros son cuando del pico máximo comienza a descender y cuando del punto mínimo comienza a crecer.

Si tomamos la decisión de intervenir pasivamente alejándonos de nuestro amigo y perdiendo contacto con él, nuestro punto de inflexión resultará en un cierre de ciclo. Puede que en un futuro se vuelva a abrir, y haya mayor y mejor contacto, generando un ciclo expansivo.

Si, por otro lado, tomamos la decisión de intervenir activamente una vez más, para remediar las cosas, podrán suceder varias cosas: que del punto de inflexión se vaya a una pequeña mejora y luego a una caída (esto es: no sirvió para nada); o bien que desde ese punto de inflexión se comience un nuevo ciclo de expansión.

Unamos los cuatro conceptos: la normalidad, proceso no- lineal, riesgo y punto de inflexión y llegamos a la conclusión de que el cambio es lo más normal de la vida.

Es riesgoso, complejo y no es lineal.

Y esto está demostrado por la vida misma, que no deja de ser el laboratorio experimental más preciso y eficiente que podamos encontrar.

Pero uno habla del cambio como algo abstracto de dos formas: una obligada y una elegida.

En ocasiones este cambio se presenta realmente como algo obligado, donde no hay otra opción que abandonar o dejar disolver viejas usos para incursionar en un nuevo cambio.

Y otras veces, somos nosotros mismos los que proponemos un cambio. Generalmente hay algún ámbito de nuestra vida cotidiana que no está funcionando de la manera que esperábamos y decidimos buscar otros horizontes.

Puede ser por disconformidad, aburrimiento, hartazgo, monotonía, enojo, venganza, aspiraciones; en fin, hay algo en mi realidad diaria que me está incomodando. Es que nuestra mente nos pide generar un cambio de situación porque imaginamos que podemos estar mejor.

Ambas formas de cambio - la obligada y la elegida- requieren de esfuerzo por parte de uno.

Por supuesto, los cambios no vienen de un día para otro. Existe algún tipo de gradualidad hasta llegar a la meta deseada.

Tener paciencia será nuestra gran aliada.

Les propongo el siguiente caso de una cliente y amiga para entender un poco más acerca de este concepto:

Xisca emigra a Alemania con su marido en el año 2014. Tenían una gran expectativa de encontrar seguridad económica y un mejor futuro para ellos.

Su marido consigue trabajo rápidamente y ella, entre idas y vueltas, se queda sin la posibilidad de ejercer, aquello que en su país de origen la había ubicado en posiciones directivas y de toma de decisiones.

Xisca estaba deprimida, porque sentía, que, de alguna forma, su momento de éxito laboral, había llegado a su fin.

El idioma, la cultura tanto laboral como en general, y la oferta de empleo que en la pequeña ciudad de Alemania ofrecían, no lograban acercarse, ni en lo más mínimo, a todo lo que ella había realizado.

Xisca no solo poseía un excelente curriculum, sino también es muy inteligente y tiene muchas habilidades ejecutivas. Sin embargo, el tiempo pasaba, y nadie contrataba a una extranjera con excelentes calificaciones para puestos directivos sin experiencia en el país.

También encontraba raras las formas laborales: ella tenía mucha experiencia en gestión de equipos, ya que de donde viene, su experiencia fue en empresas de servicios. Sin embargo, se encontraba en un país donde la industria pesada y la técnica eran más importantes.

"A nadie le interesa qué sucedía con las personas, solo es importante que el trabajo esté hecho y documentado" me dijo resignada.

Escuché atentamente y la acompañé mientras me contaba su pasado con una sonrisa placentera oponiéndolo con un presente con sentimiento de injusticia e impotencia.

"Mi marido está en una excelente posición laboral, difícil de encontrar en España. La crisis nos ha afectado, y aquí estamos mucho mejor económicamente, pero no sabía que esto iba a implicar que yo estuviera al margen de mi vida laboral".

Los dos sabíamos que no había muchas opciones. Empezar desde la nada a los 40 años para "encajar" en el sistema no era una opción viable, por más ilusiones que ella tuviera; pero tampoco sentía que era justo, tirar todo por la borda y volver a España.

Ocho años de esfuerzo con el idioma, la cultura y las costumbres. Si decidía volver, las cosas no iban a recibirla de la misma manera. Todo ha cambiado.

Estuvimos tres sesiones con este remolino de recuerdos y anhelos, quejas y malentendidos.

En cada reunión estaba presente la añoranza y victoria del pasado, la angustia, los enojos y el aburrimiento del presente, y la oscura incertidumbre del futuro.

Todo estos pensamientos y emociones iban y volvían una y otra vez; como el mar agitado en un día gris previo a recibir un temporal.

Llegó el momento de poner un final. ¡Todo lo bueno - y lo malo también! - tiene un final.

Mis palabras interrumpieron la rueda mental de quejas: "Xisca, eso no va a suceder, ya está, este ciclo se terminó."

Se quedó en silencio.

No me dijo nada, no hubo palabras.

No eran necesarias más explicaciones.

Vi como empezaron a llenarse de agua sus ojos negros café.

Resoné mucho con esa expresión. Cayó la primera lágrima por su mejilla.

Fui a socorrerla: "Es momento de empezar un nuevo ciclo".

Ella asentó tímidamente con su cabeza.

En los ciclos obligados, es la vida misma que nos muestra que aquello que traíamos no encaja o pareciera que no sirviera.

En este sentido existe un control menor de la situación.

En los cambios elegidos, podemos pensar que existe una base -más o menos- sólida como para tomar envión y saltar.

En el ejemplo de Xisca, ella no tiene otra opción que reinventarse. Esto es: encontrar la manera de que ella pueda estar tranquila y encontrar coherencia en su vida cotidiana: el trabajo, su familia y la cultura.

Entonces tenemos que preguntarnos antes de realizar un cambio ¿De dónde vengo y hacia dónde voy? Si se materializa el peor escenario de la situación: ¿Tengo la oportunidad de retroceder en mis pasos?

Nelly Furtado, cantante canadiense, compuso una canción llamada "All Good Things Come to an End", traducida al español: Todo lo bueno (o todas las cosas buenas) tienen un final.

En esta canción, existe el cuestionamiento de que todo viaje, al momento de enfrentar la última salida definitiva, ocurren dos opciones: de repente, dejar todo y quedarse en donde uno está para revivir ese sueño, o bien volver a la dolorosa y rutinaria realidad.

Cada vez que nuestros pensamientos han cumplido un ciclo importante, tendemos a mirar hacia atrás. Por supuesto, con melancolía.

Es como un remolino donde todo vuelve: los éxitos, los fracasos, las memorias, las ilusiones y nos miramos a nosotros mismos y vemos todo lo que ha pasado por dentro y por fuera de nosotros.

Creemos la utopía que antes todo estaba bien y era mejor o adecuado.

Hemos de recordar lo mejor del ciclo y sus dificultades.

Batallas ganadas merecidamente. Nos sentimos jubilados o retirados de todo aquello que hemos logrado.

Recordar nos pone en una perspectiva distinta. Ahora somos los que tenemos una experiencia vivida y no estamos en el campo de acción. Puede que otros estén en ese campo y nosotros los miremos de reojo advirtiéndoles que no se choquen con la misma pared que nosotros mismos nos hemos enfrentado. Sin embargo, por otro lado, entendemos que esta experiencia nos muestra de que cada uno, cada individuo, debe llegar al típico momento, de sentir el dolor de cabeza de esa pared tan dura.

Entonces, ¿en dónde estoy parado? ¿en dónde estoy parada?

Ese ciclo laboral de Xisca como se presentaba en España se cerró. Ella estaba parada desde ahí queriendo replicar la misma situación en un contexto completamente distinto.

El no poder hacerlo, le hacía recordar y añorar lo que había perdido. La angustia era el mecanismo que mantenía vivos esos recuerdos, ya que en Alemania ella no podía ejercer su profesión.

Es por ello por lo que este sentimiento de tristeza se mantenía vivo en ella, porque cumplía lamentablemente una función: mantener el recuerdo del status que tenía en su vida laboral.

En tanto esos recuerdos y añoranzas sigan siendo buscados funcionarán en el nuevo contexto como melancolía. Porque no se pueden aplicar en él.

¿Cómo normalizamos los ciclos?

Es de esperar que en el ciclo normal tengamos subidas y bajadas -momentos buenos y malos- y que de alguna manera el balance o resultado final termina siendo positivo.

Pero hemos visto que su duración, amplitud y riesgo varían según el momento de la vida.

Voy a profundizar en aquellos ciclos que son los más incómodos en nuestra vida. Cuando el ciclo se va de nuestras manos y perdemos control.

Φ

No todas las crisis son iguales

Aquellas personas con más experiencia en la vida, que ya han pasado por estos tiempos, ya deben de recordar las historias o situaciones vividas en ese entonces, y de alguna forma, entienden de qué se trata este momento.

Aquellas otras, que, sin embargo, no lo han vivido, se llevarán la amarga sorpresa y tendrán que buscar de donde sea herramientas para seguir avanzando. Y esas otras personas que se han olvidado de este momento, o no lo han aprendido bien, les servirá para nuevamente enfrentarse a estas dificultades. Por ahí ahora sí le queda un recuerdo al respecto.

Pero, incluso, entrar o transitar momentos inoportunos o de crisis tienen sus distintos colores. No todas las crisis son iguales. Pero, podríamos pensar en diferenciarlas bajo la siguiente forma: las crisis activadoras y las crisis depresoras.

Las crisis activadoras las podemos asociar con un exceso de impulso que va para cualquier lado. Es como sacar la llave del bolsillo para abrir la puerta y nuestra mano intenta muchas veces sin lograr acertarle a la cerradura, entonces no se puede entrar.

Es el exceso de fuerza desorganizada que lo podemos traducir en irritación, verborragia, pérdida de paciencia, stress y aceleración. La activación trae consecuencias no sólo fisiológicas sino también afecta a nuestros pensamientos y emociones. Nuestro cuerpo está preparado para luchar y defenderse. No quiere perder tiempo. Pero pensemos únicamente qué es lo que sucede con la piel.

La sensación de frio o calor en nuestra piel la llevan a cabo las terminaciones nerviosas que llegan a la dermis.

Ellas son las encargadas de enviar la información a nuestro cerebro - el hipotálamo- para que se regule la función de temperatura.

El hipotálamo entonces ordena a los vasos sanguíneos que se dilaten o se contraigan según sentamos calor o frío.

Cuando sentimos calor, los vasos sanguíneos se dilatan para que aumente el flujo sanguíneo y de esta manera disipe el calor de la piel hacia el exterior.

El libre correr del flujo sanguíneo permite sacar hacia afuera también todas aquellas toxinas del cuerpo. Un calor constante dentro nuestro que hasta nos hace perder el sueño, nos quedamos enganchados con conversaciones que no tienen relevancia, nos sentimos atacados, enojados e incluso nos lleva a peleas y agresividad.

Es como si algo que está dentro nuestro quiere salir hacia afuera y encuentra únicamente bloqueos, demoras, objetos que están en el medio y los cuales hay que derribarlos porque se interponen en nuestro camino. Esas son las toxinas que nuestro cuerpo quiere deshacerse. En la astrología lo vemos con la cualidad primitiva del calor. El calor sirve para formar los elementos que conocemos: Tierra, Fuego, Aire y Agua. Tiene mayor y menor participación en unos que otros.

Pero su objetivo es tener vía libre.

Poder pasar y sacar las toxinas que hay, expulsando lo que ya no es familiar, para adquirir algo nuevo que sea más familiar. Depuramos o destruimos en sentido figurado aquello que ya no nos sirve.

En contrapartida las crisis depresoras existen una sensación de que el otoño está llegando y el invierno será la perspectiva a futuro.

Con el frio los vasos sanguíneos se contraen y reducen el flujo de sangre en las zonas de la piel para mantenerlo en las zonas centrales del cuerpo. En el extremo cuando el frío es realmente intenso, la contracción de los vasos sanguíneos no permite el paso del flujo de sangre hasta las células generando un proceso de congelación.

¿Cómo traducimos esto a nuestras crisis depresoras?

Lo traducimos en momentos de nuestra vida donde las oportunidades se reducen, se obstaculizan, pero también llegan los fríos intensos hacia aquellas cosas que creíamos que teníamos garantizadas. De alguna forma la reducción se siente y nos obliga a centralizar, o sea, a concentrarnos en lo que realmente es importante.

Nuestro estado de ánimo no es como para ir a una fiesta, bailar y conversar hasta la madrugada siguiente. De hecho, todo lo contrario, nos sentimos un poco apagados, cansados, como que las circunstancias transcurren lentas y en el aire se siente una sensación de abandono. Tal vez hemos perdido el interés en lo que antes nos divertía. Vemos de cara la monotonía de la rutina, la reducción de la vida social, la pesadez del trabajo, las dificultades económicas, el aburrimiento y tedio de las costumbres o bien la falta o corrupción amorosa.

En ambos casos de crisis, tenemos un común denominador: ¿Cómo me instalo en esta situación? ¿Cómo adapto mi movimiento energético (en exceso y en reducción, respectivamente)?

Para responder a esta pregunta quisiera tomar como referencia la siguiente saga:

Las historias del famoso Jack Sparrow de los cuentos infantiles y también de la saga "Piratas del Caribe" interpretado por el actor Johnny Deep relatan las hazañas de un personaje completamente ingenioso y ávido, que usa sus armas; pero sobre todo sus palabras y habilidades de negociación para huir de las trampas y peligros propios de la vida de un pirata tramposo.

Lo que más desea Jack es recuperar su barco "Perla Negra", y con orgullo ocupar su rol de capitán. De hecho, él quiere que todos lo llamen Capitán Jack Sparrow.

De aspecto desordenado y bastante peculiar, Jack tiene posesión de un objeto peculiar que lo acompaña en todos sus viajes: una brújula.

Pero no es una brújula cualquiera, sino que lo peculiar es que pareciera no funcionar adecuadamente, ya que esta brújula nunca apunta al norte, sino más bien marca la dirección hacia dónde guiarse de la intención de la persona que la sostiene.

En varias ocasiones Jack toma la brújula y ésta no deja de girar o lo apunta directamente a su bebida predilecta el ron; mostrando que el gran pirata no sabe que es lo que quiere o hacia dónde dirigirse.

Frente a esto Jack le presta la brújula a otros piratas y personajes de la saga, ya que estos tenían deseos más claros que él. Los deseos de los demás lo dirigen a Jack a muchas aventuras en busca de tesoros ocultos y leyendas de los mares, los cuales logra de alguna forma aprovechar y gracias a sus artilugios salir exitoso de los peligros que conlleva.

Ambas crisis nos incitan a ir con la marea del ciclo.

En este sentido, comportarnos un poco como Jack: acompañando el momento que la situación ofrece.

La brújula representa el ciclo y quien la sostiene es el área de nuestra vida que busca intenciones.

Nosotros podemos ser buenos compañeros de la situación y sacar de nuestro cofre las tácticas y estrategias más adecuadas para la situación que estamos viviendo.

Para las crisis activadoras es muy probable que tengamos que depurar con lo viejo y emprender conquista hacia algo totalmente novedoso para nosotros. Mientras que para las crisis depresoras será necesario afianzar la concentración necesaria para poder profundizar y especializarnos en esa temática.

Pero aquí surge una pregunta interesante: ¿Cuál es la intención? ¿Depende del tipo de crisis? No.

No importa el tipo de crisis, eso será parte del contenido que la experiencia nos ofrecerá.

La intención es siempre la misma: sacar lo máximo posible que la vida nos puede dar, dadas las condiciones que se nos presentan: favorables, neutrales o no favorables.

Φ

Las consecuencias del cambio

Indefectiblemente generar un cambio, cualquiera que sea, trae aparejado un cambio de actitud hacia algo, alguien o una situación.

En nuestro ejemplo del trabajo de Xisca, su cambio actitudinal no sólo va a incluir cuestiones relativas a su comportamiento con el mercado laboral sino también emocionales, porque lo que le estaba afectando son sus emociones: ella sentía angustia.

Luego de un tiempo, encontramos la solución en realizar otro tipo de trabajo, de manera independiente, orientado a la consultoría que involucraba las aptitudes que ella empleaba. De esta forma, ella no perdía las capacidades que había desarrollado en España.

Por otro lado, existe todo un período de prueba y error, circunstancias donde nos encontramos aprendiendo a la marcha de los eventos. Algunas cosas podemos planificarlas, pero otras son espontáneas. Ambas deben ser tomadas en consideración, ya que en este nuevo camino -el cambio- no tenemos la experiencia de conocer las aguas por donde nuestro barco está navegando.

Así es como Jack Sparrow se enfrentaba a confusiones, persecuciones y trampas que la propia vida de pirata le traía; nosotros nos veremos embaucados en la ignorancia del desconocimiento de lo que está sucediendo.

Finalmente, pero no menos importante, la aplicación y perspectiva.

Todo cambio genera sí o sí una materialización de las ideas.

No es sólo la actitud, el prueba y error, sino el hecho de que hay un camino nuevo que hemos creado y que estamos transitando. Si miramos en retrospectiva, esa ruta, no existía en el pasado. Ha surgido como consecuencia del cambio.

Xisca atiende a sus clientes en España de forma remota de lunes a viernes. Esta nueva rutina de trabajo es la consecuencia de todo lo ocurrido.

Ahora, en vez de estar funcionando la angustia como forma de recuerdo de sus competencias, está funcionando su trabajo de consultoría, y no como un recuerdo, sino como la aplicación -materialización- de sus habilidades laborales.

La perspectiva de mirar atrás y poder reafirmar en lo que hemos avanzado. No nos hemos quedado con las viejas estructuras, porque ellas nos hacían daño.

La palabra cambio ha sido asociada a revolución, porque implica perder las viejas estructuras, hábitos, costumbres e innovar en lo nuevo: nuevas o reformuladas tradiciones, involucrar otras opciones y participantes, un cambio de paradigma.

Y ese es el punto. Estamos acostumbrados a quedarnos con el sabor amargo emocional de aquel momento triste o negativo, pero tenemos que "bajarlo" a la tierra, con una nueva forma para poder seguir con nuestra vida adelante.

El ser humano tiene la gran habilidad de crear.

Ese es su arte: hay algo que surge internamente en forma de ideas, imágenes, emociones, motivaciones; que es convertido en un objeto, una actitud de vida, una filosofía, un espacio o un comportamiento. Pues, crea. Ese es el objetivo de "bajar a tierra" -materializar- las emociones -negativas y positivas-: crear un cambio, una transformación.

Esta es la manera que la vida tiene de mostrarnos a qué tenemos que adaptarnos y ajustarnos en nuestra creación.

Materializar, es muy útil, ya que permite sacar de adentro -externalizar- aquello tan interno que estaba dando vueltas en nuestra mente y corazón. Eso es lo que permite transformarnos.

De lo contrario, eso emocional tan fuertemente negativo que ha sido vivido queda atado como un nudo, que no podrá desatarse. Estaremos dentro del mismo ciclo repitiendo una y otra vez posibles soluciones que no llegarán a ningún cambio.

Ahí no hay creación, ahí se sostiene emocional y anímicamente nudos como si fueran contracturas corporales difíciles de relajar.

Todo cambio implica si o si un movimiento.

Lo único que no debería cambiar es la intención: dar lo máximo a la vida independientemente las mareas que transitemos.

5. A MI MANERA

-La historia de Amor de Mike y Raín-

"Amo y he amado
Me he reído y llorado,
He tenido mi saciedad, mi parte de perder
Y ahora mientras las lágrimas disminuyen
Me parece todo muy entretenido
Pensar que hice todo eso
Y permítanme decir que no de una manera tímida.
Lo hice a mi manera
Porque ¿qué es un hombre si no es él mismo?
Decir las cosas que realmente siente;
Y no las palabras imperativas de otros.
De todas maneras, he recibido mis golpes
¡Y lo hice a mi manera!"

(Frank Sinatra, Fragmento traducido
de la canción "My Way".)

Cuando era pequeño solía ir a la casa de verano de mi tía y mi madre en la costa.

Era una casa muy antigua, con muchas habitaciones, que necesitaba arreglos y que tenía generaciones y generaciones de historias.

El olor a humedad, los muebles antiguos, las fotos en blanco y negro, el piano desafinado y los artefactos grandes y voluptuosos de una época que ya caía en desuso. Las paredes tenían miles y miles de conversaciones escuchadas y de secretos. Ese era el gran valor.

Siempre le decía a mi tía, que me daba miedo quedarme solo en esta casa, porque le temía a la oscuridad. Cada vez que recorría los pasillos y los ambientes de la casa, encendía todas las luces.

Para un niño de siete años asustadizo no era muy atractivo transitar aquellos lugares solo.

A la noche escuchaba ruidos, propios de una casa vieja y me sentía inseguro de que entraran ladrones, ya que el techo no estaba del todo terminado y la seguridad de la casa no era la más adecuada para esos tiempos.

Como todas las exageraciones, la amiga vecina de mi hermana contaba historias terribles como que el espíritu de mi tía abuela estaba merodeando por la casa por las tardes cuando no estábamos, ya que ella escuchaba ruidos de muebles que eran movidos por ella. Incluso mi tía, me contaba de que a veces se iba a dormir y se olvidaba de cerrar con llave la puerta de entrada.

Claramente, esas historias no ayudaban.

Mi tía vivía todo el año ahí, sola. Y una vez le pregunté: ¿No tienes miedo de estar sola y que te roben? Ella se extrañaba y se reía contestándome: "¿Miedo de qué? No debes tenerle miedo a la vida".

Podemos jugar con las palabras de la siguiente manera:

"miedo a vivir", "vivir con miedo", "miedo a lo vivo" pero lo opuesto sería; "alegría a no vivir", "morir con alegría", "alegría a lo muerto".

Y lo intermedio sería: "miedo a morir", "morir con miedo", "miedo a lo muerto", para un caso y para el otro: "alegría a vivir", "vivir con alegría", "alegría a lo vivo".

Estamos entrando en una red de significaciones que une un concepto dicotómico (vida; no vida= muerte) con una emoción (miedo, alegría). ¿Por qué? ¿Para qué? ¿Qué sentido tiene?

La vida es. La muerte es.

Si la vida es el comienzo, y la muerte es el final.

Pero la muerte comienza siempre que la vida empieza; y a la vez, la muerte cumple su meta únicamente cuando la vida trascurre. Pero, entonces es una tautología.

La vida empieza y hay mucho para hacer, aprender e interactuar; y la muerte parecería tener las connotaciones opuestas. Aunque no lo sabemos con certeza.

Debemos recurrir a creencias, expectativas, ideales o religiones para quedarnos tranquilos acerca de aquello que nos espera luego de la vida.

Ese más allá tan oscuro como una noche sin luna. La oscuridad no nos permite ver nada, solo sombras, que no entendemos a que se refieren.

La tradición astrológica asocia el día y la luz con la vida y la actividad y la noche y lo oscuro con la pasividad, donde todo termina. La muerte como pausa del día. Todo lo activo del día se torna pasivo a la noche. Del amanecer al atardecer. El comienzo y el fin.

Qué difícil que es la muerte para todas las partes implicadas en ella. Si uno se pone a pensar, uno comparte muchísimo con las personas. Conversaciones, actitudes, valores, emociones, pensamientos, un sin fin de cosas.

Cada vez que vemos a alguien, sobre todo que apreciamos y queremos, nuestro cerebro refuerza y activa las conexiones internas neuronales simplemente al ver a esa persona.

Me imagino en una conversación con alguien querido que las distintas regiones del cerebro y sus conexiones se van activando con luces, ante cada carcajada, recuerdos y conversaciones.

Es como que nuestro cerebro se estimula, y hace que nos sintamos bien. Que ese espacio sea considerado como adecuado, de relajo y entretenimiento. Y cuando recordamos a la persona, podemos reactivar esas estimulaciones, aunque en menor grado, pero sabemos que la próxima vez que nos reunamos, la pasaremos bien, y nos "reforzaremos" mutuamente.

Ahora bien, si hemos perdido a esa persona. ¿Cuánto tenemos que exigirles a nuestros recuerdos para que nos refuercen?

Es como si esas conexiones, ya no se van a volver a activar en nosotros de la misma forma. Se ha ido ese estímulo, por lo menos de manera directa.

El recuerdo será la única solución que tenemos para poder activarlos. Pero es doloroso vivir del recuerdo.

Me ha tocado estar cerca de la muerte desde muy pequeño y en muchas ocasiones.

Tragedias, muertes inesperadas y muertes esperadas. Confieso: no es un entrenamiento agradable.

Hubiera preferido presenciar otro tipo de entretenimiento.

Pero, quizás sea por esta razón que me he dedicado al mundo esotérico.

Porque en el lenguaje simbólico es donde perdemos la certidumbre. Es donde no nos queda otra forma que cuestionarnos hasta lo más tonto del símbolo, ya que en esta parte del mundo no hay una luz que ilumine y nos otorgue la capacidad de entender lo que está sucediendo.

Si es de día y hay una mesa delante mío, sé que tengo que esquivarla para no golpearme con ella. Pero, en la oscuridad, las cosas no funcionan de la misma manera.

Tendremos que usar otras estrategias para esquivar esa mesa.

Es aquí donde el mundo de las sensaciones florece. Hay algo en mi cuerpo y alma que siente cuando la muerte está cerca.

Existieron - y seguramente van a existir- momentos de mi vida donde siento que alguien va a fallecer. Con el tiempo he descubierto que mi cuerpo es un receptor increíble. No puedo encontrar palabras exactas, pero si sensaciones.

Cuando la muerte se acerca se evoca una sensación de suspenso, como de un atardecer melancólico, donde el tiempo hizo una gran pausa. No hay continuidad.

Siento como una opresión en mi pecho se va relajando y cediendo en esa pausa temporal. La última vez que me ha sucedido fue el verano pasado.

Estaba sentado conversando en el banco de mi plaza local. Es un parque grande, muy cuidado, con grandes esculturas, árboles y flores. El clima era ideal, eran las cinco y media de la tarde; no hacía tanto calor, el aire dejaba de estar tan pesado. En esa plaza hay un pequeño escenario donde se presentan algunos artistas a tocar instrumentos o reproducir obras clásicas de la música. El sol no aplastaba, su calor era el adecuado. Realmente era una perfecta tarde de verano.

Como todo en el mundo esotérico, nada se puede forzar, lo que es, es. No se pueden provocar eventos fortuitos. Sino que son espontáneos y genuinos.

Y es desde ese lugar genuino que surgió la siguiente historia: estaba en ese escenario de verano precioso escuchando a mi interlocutor, cuando como un rayo me viene a mi pensamiento el recuerdo a una persona muy querida que hace un par años no veo.

Asentí a ese pensamiento con una pequeña sonrisa compasiva. Al mismo instante, se viene, automáticamente, ese estado de suspenso: el ocaso.

Al volver a mi casa, me entero, que esa persona había fallecido.

La muerte nos vendrá a todos.

Es un paso más de esta vida.

No tiene preferencias: les llega a los reyes, a mendigos, a los líderes, a los bandidos, a todos. Deja huellas en todos los niveles. Nos marca de por vida. Nos deja huérfanos de todo aquello que creemos que es una base sustentable. La base firme también puede sucumbir.

Pensamos que es una incertidumbre, pero en realidad, no lo es: todos sabemos de qué se trata la muerte, cuál es su objetivo.

Puede tomar muchas formas (enfermedad, asalto, violencia, suicidio, asesinato, por placer, dormido, entre otras) pero el resultado es siempre el mismo.

Es la forma en que se presenta lo que nos da miedo. Esa es la incertidumbre. No saber qué es lo que nos sucederá. El no saber qué nos va a devenir en el futuro. Tenemos miedo de que sea lo peor.

Por otro lado, también hemos reconocido aquellas circunstancias negativas que nos han sucedido, o que a alguien cercano le ha sucedido y no queremos volver a enfrentarlas. Ese gusto amargo del pasado también entra en este juego.

"Vivir con miedo" es en tiempo único: pasado, presente y futuro son lo mismo. Ya que aquello del pasado, o aquella expectativa del futuro están completamente implicadas en mi presente.

Entonces, el tiempo -su división tal como la conocemos- ya no nos sirve como una variable diferenciada para nuestro análisis. Porque si tienes miedo del futuro o del pasado, te va a afectar, de todas formas, a tu presente. Y es desde esa óptica, la actual, que ves el mundo con miedo.

A fin de cuentas, nos encontramos con la presencia del mundo físico. Estar presente es estar vivo -sentir con los órganos sensoriales-, y estar ausente es estar muerto -no sentir-.

Entonces, miedo a la vida, podría ser equiparable a un miedo del mundo físico y material.

Pero el miedo mental es algo inventado.

Si existe el miedo como emoción, que nos paraliza o nos activa para huir. Pero el miedo mental no es algo que trae la vida. Es algo que cada persona ha elegido para su presente.

Es aquella película que buscamos creer. La vida simplemente es. Si la muerte se acerca, no podemos hacer nada. Sólo acompañar el momento doloroso con aquellas fuerzas emocionales que tengamos. La muerte es una ley natural de la vida que hay que respetar.

Ese es el concepto que quiero traerte. En vez de vivir la vida con miedo, es vivir la vida con respeto. Respetar la vida. Eso sí que es sabio.

¿Quiénes son los que realmente tienen miedo a vivir?

Aquellos que actúan sin sentir: no pueden ni querer ni compartir, dejan que sus vidas sean arrastradas por la maldad y el egoísmo.

Aquellos que son llevados por los placeres y excesos de la vida: se dedican a las drogas y a los abusos de responsabilidad.

Aquellos que desprecian la vida: se hieren a sí mismos y a otros.

Aquellos que trasgreden la vida incentivando a que la muerte les aparezca: dejan de cuidarse a sí mismos y ponen en peligro a los demás. Aquellos que pierden las hermosas oportunidades que la vida les da: se han apagado ante la luz y no dejan ser ayudados.

La vida sabe sola hacia dónde dirigirse, nos va a traer y nos va a llevar a los lugares que son necesarios para nosotros.

Iremos caminando por la costa y cuando la marea sea baja, podremos adentrarnos al mar caminando largas distancias, y cuando la marea sea alta, no necesitaremos alejarnos tanto de la costa.

Pero la sabiduría está en saber qué es lo adecuado para cada ciclo. Y aquí es donde sí podemos hacer hincapié: en los recursos. ¿Cuáles son tus herramientas y estrategias para este mundo material?

Respeta el ciclo, y lleva a él las herramientas necesarias para acompañarlo de manera satisfactoria. En el mejor de los casos, podrás obtener nuevas herramientas - nuevos aprendizajes - que te servirán para otras ocasiones.

Mike emigró a Europa por motivos laborales y se casó con una compañera de trabajo, tuvieron tres hijos.

Luego de un tiempo, la relación se hizo insostenible y optaron por separarse.

Mike deja su casa y sus hijos y se muda a un departamento en el centro de la ciudad. Al cabo de un año se divorcian legalmente.

Unos meses previos a la firma de los papeles de divorcio, Mike conoce una mujer llamada Raín en un viaje de negocios.

Quedó tan cautivado con su esplendor, que antes de volver a su país, decide volver a encontrarse con ella varias veces.

Por sorpresa de él un viaje que eran solo 15 días, terminó extendiéndose un mes.

Mike se enamora al instante.

Raín vivía en medio oriente y no sólo se presentaba la problemática de llevar adelante una relación a distancia; sino que además su nueva novia tenía problemas graves de salud. Mike decidió apostar al amor.

Se llenó de esperanzas, pensando de que la enfermedad iba a ceder.

El tiempo fue cambiando las estaciones y las ilusiones iban inflando globos de felicidad. Tenían el proyecto de mudarse juntos.

Mike trabajaba como desarrollador de software y podía mudarse a cualquier parte del mundo tranquilamente, aunque también sus obligaciones como padre le impiden moverse con la libertad que él quería.

Quien lo conocía de antes, no lo podía creer. Aquel hombre cabizbajo que transitaba por las mismas calles sin grandes esperanzas, de repente la vida lo llena de energía y alegría.

Pero la buena suerte no dura por mucho tiempo. Lamentablemente la enfermedad de su Raín llegó a un momento terminal. Mike no duda un instante, se toma un avión y la acompaña hasta el final. Raín fallece a los pocos días de su llegada. Se ha ido.

La vida continuará para Mike, pero desde una óptica catastrófica. Por lo menos, en estos momentos.

Su desesperanza se hizo notar. Nunca me olvidé de las palabras que Mike me transmitió: "Soy un muerto en vida, el amor nunca termina amándome".

La vida vuelve a llevarlo a tocar el suelo. Ya no hay más ilusiones. Los globos se han perdido en el aire. Ahora Mike no sólo debe enfrentar su día a día con los problemas de su ex-esposa; sino también con la angustia de que el amor no volvió a funcionar.

Las ilusiones son un arma de doble filo. Hermosas historias con finales trágicos.

No podemos juzgar si es correcto o no embarcarse en un tipo de historia así; pero sí es cierto, de que el final -tarde o temprano- iba a llegar.

Raín le mostraba a Mike su alegría y deseo de quedarse en esta vida. De estar presente, luchando hasta el último momento, aunque su cuerpo no lo permitía.

Raín inyectó una felicidad en Mike que lo hizo cambiar por completo su forma de ver el mundo. Raín ahora está ausente, pero sus recuerdos hacen que siga viva por mucha gente. No será olvidada.

Por ahí esta experiencia de vida le sirve a Mike para entender otras cuestiones de cómo él encara su vida -los miedos son también una forma de ilusión- y qué importante es sentirse vivo, estando presente para él mismo y para sus hijos.

Su rol en la enfermedad de su novia fue lo mejor que le pudo pasar a Raín: despedir esta vida cerca de su amor. Por ahí es ese el amor que Mike tendría que asimilar para continuar sus días de una mejor manera.

La muerte nos enseña el dolor en sus distintos estados. El dolor intenso y agudo nos lleva a la impotencia y la frustración de la pérdida.

Merecemos un tiempo de duelo, el cual no entendemos cómo llevarlo adelante.

Pero el tiempo hace su labor, y nos instala los recuerdos de la persona perdida.

Evocarlos provoca en algún punto angustia, hasta que llegamos al estado del acostumbramiento. Todo nos muestra en nuestra vida que esa persona no está. Nos acostumbramos a que la persona falte.

La vida sigue su curso, y llegamos al punto en donde evocar sus recuerdos nos produce algo un poco más llevadero que la angustia.

La muerte deja marcas que nunca podremos borrar. Estarán ahí por siempre y para siempre. Pero el tiempo y el dolor nos hacen fuertes. Nos hacen luchadores de la vida. Nos hacen estar presentes.

Esos recuerdos de esas personas especiales nos hacen sentir que el mundo si fue mejor gracias a ellos.

De que esos recuerdos se transforman en una inspiración personal, para mí y para ti.

De que el pasar por esta vida de esos seres queridos no fue en vano. Ellos han dejado un legado, que se funde en nosotros mismos, y que nos hace cambiar.

Nos hace situarnos en otra posición más atenta a la vida, más responsable.

Este legado me vuelve más fuerte porque me motiva, me hizo cambiar y hacer mi propia presencia en esta vida algo valioso, y como tal, yo también formo parte de este mundo, del cual yo mismo, también, poseo la habilidad de trasmitir mi legado a otros.

El mundo también se beneficia de lo bello que yo puedo trasmitir y dejar a otros

En definitiva, la muerte nos une a todos como una forma de transformación personal, que nos despierta desde muy adentro y nos reclama: "Sí, estás vivo".

No puedo dejar de completar con la otra cara de la otra moneda.

La muerte llega también para aquellos que han traído la maldad y la han desarrollado en su camino.

Tal vez tuvimos la mala fortuna de cruzarnos con este tipo de personas y haber conocido sus hazañas malvadas en distintas formas.

Aun así, ellos también se irán. ¿Qué nos dejan estas personas de moraleja?

Primero y principal nos refuerza la primera idea: estar vivo porque tenemos algo bello que ofrecer a este mundo para ser recordado.

Y segundo nos abre una puerta que exime toda lógica posible: la compasión.

Φ

La perspectiva del viaje

En ese viaje, es donde encontrarás aquello en que eres mejor.

Por ahí se viene repitiendo en varios ciclos, por ahí es algo nuevo completamente distinto, pero podrás preguntarte y responderte

¿Cuál es mi talento en este ciclo de mi vida? Encontrarás la respuesta fácilmente, porque tu posición de humildad beneficia que respetes lo que el ciclo te está trayendo. Mirar atrás todo lo que sucedió desde otros tiempos - cuando los años pasan - traen otra óptica: la perspectiva.

Pero esto no es todo. Lo más importante es que tu talento es propio y que de ese talento es que va a surgir algo único. Tu manera. Tu forma. Tu estilo.

La canción del cantante Frank Sinatra "My Way" (A mi manera) trata acerca de alguien que rememora su pasar por la vida, sus altos y bajos: sus momentos de acierto y sus momentos de desaciertos. Sus lágrimas de alegrías y sus lágrimas de dolor.

Pero en todo, estuvo presente, ahí vivo, a su manera.

Y es esa la idea que quiero trasmitirle al lector.

Estar vivo para sentir. Sentir todo lo que tenga que venir y resolverlo a la manera de cada uno. Mirando para atrás y no arrepentirse de que uno ha hecho. Lo que ha sido resuelto, se ha hecho como se pudo, a su manera.

Y que no interesa si se pudiera haber hecho mejor o peor. Si tenemos buenas intenciones y buscamos el bien, aquello que hemos resuelto, seguramente, era lo mejor para ese momento acorde a nuestras capacidades y circunstancias.

No se trata de si se hizo correcta o incorrectamente. Incluso lo que en ese momento creíamos correcto, hoy puede no ser así. Juzgarnos es peligroso, porque lo que realmente tiene importancia aquí es poner la presencia de uno con nuestro estilo personal para transitar el momento que se vive.

Lo que he hecho lo he hecho a mi manera.

Hacer lo mejor posible con lo que uno tiene, sabiendo que no siempre tenemos a disposición los mismos recursos: ni en calidad ni en cantidad.

El tiempo por su naturaleza variada va a volver a cambiar, y aunque no nos parezca o en aquel momento no lo podamos ver, pasará la situación y la vida continuará con lo que tenga que continuar.

Pero de aquello que se está viviendo, hay que tratar de sacar lo mejor que se pueda.

La principal ayuda que uno tiene es de uno mismo.

Si nosotros mismos estamos dispuestos a ayudar a la situación, tenemos la mitad del trabajo hecho. Porque, a fin de cuentas, -dentro de las posibilidades que uno tiene- es uno quien puede buscar la manera de generarse un cambio de ánimo.

Por supuesto, la gente y el entorno podría ayudar, pero es uno quien decide si realmente quiere hacerse cargo de lo que está viviendo.

Y la respuesta, aunque parezca obvia, es imprescindible decirla: somos responsables de nosotros mismos.

Nadie es responsable de nosotros.

Por eso, tenemos que aprender a cuidarnos a nosotros mismos. Porque cuando la vida nos pone de cara a situaciones difíciles, somos nosotros quienes tenemos que afrontarlas.

Tómate el tiempo que creas para culpar a otros, llorar, fastidiarte o tirar algo contra la pared; pero nada de eso va a cambiar la situación.

Se enfrenta estando presente y tratando de encontrar las mejores estrategias para ayudar a conllevar la situación adelante.

Porque vivir es estar presente, independientemente del contenido (positivo o negativo) de lo que está ocurriendo.

La vida sigue corriendo y nosotros estamos en ella presente.

Desde esta óptica, no hay lugar o espacio para el miedo. El miedo es para ellos que han hecho alguna maldad y la "vida" los estará buscando. Para aquellos que trasgreden y la provocan incitando la maldad.

Acompaña la vida -y sus ciclos- con respeto.

Es la mejor manera que tienes para cuidarte y sacar provecho hasta de las peores situaciones.

Del dolor y de la alegría la vida se inspira.

Φ

En el próximo capítulo dejaremos de ver la vida desde arriba para bajar a las calles y empezar a interactuar con lo que nos rodea.

Hemos basado nuestros criterios en la vida dándole perspectiva. Hemos analizado la vida como un todo agregado.

Ahora, es el momento de entretenernos con los acertijos que la vida nos ofrece.

Vamos a ensuciarnos un poco las manos.

6. COMERCIO DE PENSAMIENTOS

-La historia de una cliente anónima-

"Antes de actuar, escucha.
Antes de reaccionar, piensa.
Antes de rendirte, inténtalo."
(Ernest Hemingway)

"Con la buena educación es el hombre una criatura
celestial y divina,
y sin ella el más feroz de todos los animales."
(Diego Saavedra Fajardo)

El ser humano es una identidad viva que convive con otras identidades y se adapta para poder sobrevivir.

Nacemos con nuestro cuerpo y todos nuestros procesos internos insertados en una familia y sociedad a la cual nos vamos adaptando.

Formamos un sistema con todo nuestro conjunto de procesos biológicos y personales. Pasamos de ser un sistema cerrado a un sistema que va absorbiendo cada vez más lo que sucede fuera de nosotros.

Desarrollamos una personalidad -tan única de cada uno- que sirve de vehículo para interactuar con el mundo en circunstancias que son conocidas y desconocidas, agradables y desagradables una y otra vez.

Nos acompañamos con sentimientos y emociones, pensamientos y cogniciones, acciones y reacciones. Somos un sistema vivo: pensamos, sentimos y actuamos.

Abstractamente hablando, somos un conjunto de elementos pensantes, sintientes y activos que se interrelacionan entre sí.

Pero no sólo esto, sino que tenemos la habilidad de crear. Crear productos.

Productos propios de nuestros sentimientos, pensamientos y acciones. Creamos "elementos o cosas" mentales, sentimentales y actitudinales. Algunas las podemos tocar, porque se manifiestan en objetos; otras son solo ilusiones, otras son sólo sensaciones y recuerdos, otras son ideas.

Pero de lo que si estamos seguros es que el hombre como sistema vivo es creativo.

Podemos crear con nuestra mente cualquier escenario. Somos magos cumpliendo los deseos de nuestra mente.

Ella es una de las creaciones más maravillosas e innovativas que nunca nadie podrá superar. Podemos jugar con nuestra imaginación y nuestros sueños las veces que queramos.

No siempre somos libres de elegir, a veces los sueños eligen los materiales creativos por nosotros. Pero estando despiertos - y atentos - nos asegura la elección propia de la escena mental que queramos representar.

Si nuestra conciencia es el escenario, los pensamientos son los actores de esa escena teatral. Ellos montan obras una y otra vez. Incluso cuando dormimos.

Otra característica de los pensamientos es que son recurrentes. Si la obra es un deleite magistral positivo, nos sentimos bien. Si es un drama trágico, nos influye negativamente.

Pero los actores están ahí presentes, tienen que cumplir su función: actuar.

Ahora bien, ¿Qué sucede si te pones a pensar en algo que realmente te molestó y lo empiezas a analizar y dar vueltas y vueltas; e incluso enredarte nuevamente con ese tema? Seguro que terminarás enojado. O por lo menos, saboreando el trago amargo.

La función de nuestros pensamientos es actuar, pero ¿quién decide qué obra montar? Nosotros mismos.

¿Dónde terminaremos si siempre jugamos a actuar el mismo drama trágico?

Por ahí nos angustiamos, por ahí nos desensibilizamos y logramos mayor tolerancia a esa obra; pero siempre está en nosotros decidir no sólo qué obra sino también quienes son los actores que salen a la puesta de escena.

Si, es así. Los pensamientos están ahí merodeando de un lado para el otro y se activan en nuestra mente una y otra vez, y es porque nosotros estamos permitiendo que ellos vengan.

Por ahí sería prudente revisarlos un poco.

Esto no significa desechar aquellos que son negativos o que no nos gustan y dejar sólo los positivos; porque estaríamos viviendo una ilusión y un autoengaño. Sino más bien, hacer un "casting" de quienes son aquellos actores que están contratados por mí.

Porque hasta aún aquellos que más dañinos nos son, ejercen un rol y una forma. Tienen su función. Tal vez ellos nos sirven para mostrarnos cosas o situaciones que no queremos ver o aceptar.

Pero si tenemos que saber con quién contamos. Esto es: poner orden a los pensamientos.

¿Cuántas veces te has detenido a decirte a ti mismo: no, no voy a pensar esto, ¿no tiene sentido? Pues bien, eso es seleccionar.

En el caso de una situación de vida compleja es útil poder discriminar, porque a veces el sistema o motor de nuestros pensamientos actúa automáticamente. No nos damos cuenta.

Decirles a nuestros pensamientos: "Tú te quedas, tú te vas", "Tú me sirves para estos momentos, tu no"; es de gran ayuda para enfrentar la próxima obra que vas a montar.

En mi opinión, parte del cuidado de la salud mental, está relacionada con la salud de los pensamientos.

¿Qué tan sano estoy pensando? En este sentido, sanidad hace referencia a adecuación y ubicación.

En el paso de la vida existen muchos atajos y caminos ya realizados que se vuelven repetitivos e incluso aburridos. La frase del célebre Descartes "Pienso, luego existo" se pone de relieve en estas situaciones automatizadas. Dejamos de ser conscientes y nos transformamos en robots que buscan la eficiencia y eficacia de todos los procesos.

El Dios mitológico Hermes o también conocido Mercurio es una referencia muy adecuada para entender qué es lo que sucede con nuestros pensamientos.

En primera instancia, a saber, que este querubín era mensajero de Zeus y que, como tal, era el encargado de comerciar o intercambiar mensajes entre los dioses.

Mercurio nos da la impresión de un movimiento, ya que este planeta merodea de izquierda a derecha alrededor del Sol como su fuera una mosca, yendo y viniendo de un lado a otro.

Es como si tomara los mensajes de otros puntos celestes para llevárselos a su Sol.

De hecho, no se aleja mucho de él. Su máxima elongación en promedio alcanza los 28°.

Sus travesías son de toda índole ya que no sólo toma caminos directos, sino que también se enreda volviendo para atrás, tardando un poco más que la cuenta y hasta tiene que atravesar terrenos peligrosos, ya que Mercurio tiene permiso no sólo para entregar y buscar mensajes en los cielos, sino que, siguiendo la mitología, también estaba autorizado para entrar y salir del inframundo.

Con esto queremos decir, que Mercurio nos trae noticias de todo tipo y categoría: desde lo más oculto, pesado, fúnebre y doloroso hasta lo más alegre, vívido, liviano y superficial.

Informar, comunicar, conectar, hablar, en fin; pensar; son todos verbos que relacionamos con el actuar de Mercurio.

Mercurio necesita elocuencia y distintas estrategias para poder adaptarse a quien tiene enfrente.

En cierta forma, él comercia mensajes y bienes a cambio con otros comerciantes. Es por ello por lo que a veces tiene que utilizar todas sus artimañas para robar información y hasta mostrarla de una manera que no siempre es así.

De esta analogía mercurial, errática, a veces tramposa, pero sobre todo informativa es que nuestros pensamientos están merodeando en nuestra cabeza.

A veces, la información puede ser obtenida de primera mano: solo requiere que recurramos a nuestra mente o a nuestros recuerdos; a veces necesitamos terciarizar la idea para encontrar la respuesta que estamos buscando, por ejemplo, preguntamos a otra fuente.

Dada su versatilidad, Mercurio es apto a todo tipo de fuentes: desde alguien totalmente especializado en el tema hasta "Google". Todo es útil para él.

Podemos pensar en grandes bibliotecas con libros de todo tipo. ¡Cuanto más, mejor! Y sino, guardaremos también una gran lista de contactos por las dudas de que se requiera información de alguien. ¡Mercurio siempre tiene contactos!

Según la teoría psicológica cognitiva, los pensamientos juegan un rol central en el individuo a la hora de entablar acciones y reaccionar.

Los pensamientos y creencias, emociones y comportamientos se interrelacionan en una tríada. Bajo la lupa de esta corriente, si alguien está pasando por un mal momento debería identificar qué pensamientos son los que desatan determinadas reacciones y comportamientos, que no son adaptativas para la persona.

¿Cómo te sentirás si tus pensamientos son siempre de la misma índole respecto a un tema?

Aquí tenemos dos posibles respuestas: si es un pensamiento positivo, entonces, en principio no habría inconvenientes. A lo sumo podría crear una ilusión. Ahora bien, si todo el tiempo estas volviendo una y otra vez a pasar por el mismo camino de pensamientos negativos, podría ser peligroso.

La teoría psicoanalítica y/o psicodinámica, en cambio, lo asociaría a deseos sexuales reprimidos.

Otras teorizaciones culparían al contexto, a las formas o a la carencia de pensamientos positivos.

Sin embargo, todo esto que venimos escuchando hace muchos, pero muchos años dista de dar una explicación coherente con el funcionamiento de Mercurio en nuestras vidas.

Aquí vamos a hacer una pausa.

No podemos permitir que un grupo de pensamientos sean los responsables de mi vida.

No podemos reducir tanta belleza creadora a decir que, porque pienso que todo está mal, entonces estoy depresivo. Ni tampoco que la culpa de mis desgracias se debe a que viví una situación traumática que no recuerdo o que mis padres han sido de lo peor.

¿Por qué y para qué le damos crédito a esas cuestiones?

El primer error es conceptual. Si quiero trabajar temas internos, conocerme mejor, y reflexionar conmigo mismo no tengo que ir a un psicólogo.

El psicólogo acompaña procesos de trabajo terapéutico de pacientes psiquiátricos y gestiona actividades de promoción y prevención de la salud mental.

No caigamos en que las aplicaciones de citas me sirven para encontrar pareja. Es exactamente lo mismo.

El segundo error es que todas estas corrientes psicológicas son reduccionistas. Pensar que modificando un pensamiento o un grupo de pensamientos voy a lograr cambiar toda mi vida. Pensar que descubrir por procesos hipnóticos historias extrañas va a cambiar mi vida es otro sesgo.

El sesgo de reducir a que el ser humano tiene control de todo. ¿Y qué sucede con la incertidumbre, el azar, la buena y mala fortuna y con el funcionamiento del universo sin la intervención del hombre?

¿Qué suceden entonces con las parcelas "moiras" del destino?

¿Por qué tenemos la necesidad de robotizarnos?

El hombre no es perfecto. Mercurio tampoco lo es.

Mercurio nunca va a tener la información completa de lo que está sucediendo. Nuestros pensamientos son imperfectos.

Gestionar pensamientos de manera perfecta es imposible dada la naturaleza de Mercurio.

Sería decirle: "Oye, Mercurio, tu vende esta mercadería a 10 euros, pero que no se te ocurra modificar el precio" Mercurio va al mercado se encuentra con muchos potenciales clientes, pero ninguno le ofrece 10 euros. Cuando vuelve a nosotros, Mercurio nos informa que no pudo vender la mercadería, y nosotros en respuesta, nos enojamos.

Es irrisorio. Mercurio tiene que poder negociar, subastar, chantajear, regatear. Y si al día siguiente vuelve al mercado, seguramente que el precio será otro y no el mismo. Porque esa es su naturaleza.

Ser variable, cambiable y flexible. Así de libres son nuestros pensamientos. Van de un lado a otro y se adosan a aquellos que permite general material para poder ser expresado.

No podemos establecer un semáforo para decir que pensamientos ingresan y qué pensamientos no ingresan. Al estilo: "Tu te quedas, tú te vas"

¿Realmente pensamos que es así de sencillo?

Incluso, hasta a veces, Mercurio, por cansancio u otras cuestiones, nos hace decir cualquier estupidez, y nosotros tenemos el afán de tomar los contenidos tan literales.

Los problemas de los pensamientos vienen cuando Mercurio se encuentra limitado. Esto es no puede expresar su naturaleza cambiante.

El cuello de botella deviene cuando Mercurio pierde la capacidad de crear.

Mercurio se expresa creando. Creamos con palabras, comunicaciones, pensamientos e ideas.

Si no puede crear, no es libre.

Esta es la libertad que te comenté al comienzo del libro, y de la cual debemos ocuparnos.

Decir que gestionamos todo perfecto es anular la naturaleza imperfecta de nuestros pensamientos.

Y como tal, tenemos que dejar de sostener que todo lo que pensamos es realmente lo que es. Porque nunca pero nunca vamos a conocer o tener acceso a toda la información.

Lo que hay que identificar, no son los pensamientos que activan emociones o comportamiento, sino más bien, a qué es lo que Mercurio se está adosando para que exprese lo que está expresando.

Una clienta me visita desesperada por un problema de pareja. Está yendo a un terapeuta familiar dos veces por semana hace nueve meses.

En aquel tiempo se encontraba al borde de la separación.

Su pena era muy grande porque no quería que esa situación sucediera. Ella ama a su marido, pero estaba confundida.

Estaba siguiendo al pie de la letra todas las recomendaciones tratadas en su terapia, pero no le estaban funcionando. Seguía muy angustiada y sin cambios.

Ella estaba adosando con rigidez su Mercurio a la terapia.

No puede ser que durante nueve meses de trabajo no haya avances o resultados que busquen salvar la pareja. Ahí estaba sucediendo algo extraño.

A Mercurio hay que ubicarlo en un lugar donde pueda tener flexibilidad. Si no, nos va a jugar una mala pasada.

Necesita de lógica y exactitud, pero también de inexactitud y de arte. Ya que toda forma de pensamiento es un arte.

En él se desarrolla todo un torbellino de ideas hasta que llego al punto donde decido algo.

Ideas que son palabras, canciones, imágenes, sueños revividos, sueños inventados.

De lo que hago y digo automáticamente, que ya ni sé de dónde viene o de dónde lo aprendí, hasta lo que reflexiono tan filosóficamente, todo forma parte de este torbellino de ideas.

Nuestra capacidad creativa se conforma de sus partes más lógicas y coherentes y sus partes más descabelladas e irrisorias.

En la literatura de los negocios relacionados con la psicología se ha descripto la existencia de que la parte izquierda del cerebro es más lógica y la parte derecha más libre o imaginativa.

No voy a discutir acerca de esa linealidad, pero la uso a propósito, para que el lector entienda de que es completamente inverosímil dividir dos componentes de un todo (el cerebro) tan complejo en su estudio y sus funcionalidades.

El cerebro funciona como un todo, desde el momento en que relaciona todas sus partes, áreas, localizaciones de un hemisferio y de otro, yendo de un lugar a otro lugar. Es una forma de simplificarlo.

En nuestros pensamientos existen leyes, sistemas de funcionamiento y de interpretación, reglas y también símbolos sueltos, intuiciones, imaginaciones, analogías, rarezas.

La habilidad está en juntar todas las partes, o, mejor dicho: darle lugar a que cada parte pueda expresarse. Pero nada es infalible, hay partes intuitivas muy descabelladas que no hacen referencia a aquello que queremos comprender, como también hay contenidos y argumentos muy lógicos y bien desarrollados que meramente forman parte de nuestros sesgos que tenemos de la realidad.

Me interesa rectificar las expresiones de "correcto" e "incorrecto" por "adecuado" "no adecuado".

Porque los pensamientos y nuestras ideas dependen del "lugar" que les asignemos y entender a qué situación o grupos de pensamientos los estoy adosando.

Dar lugar, significa, poder incorporar a mi análisis lo no conocido como una fuente de explicación. Aquí es donde interviene la intuición.

Generalmente es descartada por nosotros.

Error. La intuición nos da un nivel de comprensión mucho mayor de lo que nosotros nos imaginamos.

Como la gestión de pensamientos es imperfecta. Tenemos que dar lugar a que algo de lo que está sucediendo es desconocido y que no entendemos la situación al cien por ciento.

Esa es la información, sin contenido, sin lujos de detalle que nos llega como intuición.

Los que trabajamos en el campo esotérico, la tenemos muy presente, porque desde el comienzo de nuestros estudios, incorporamos la sensibilidad intuitiva como una herramienta fundamental de análisis.

Por eso, quiero trasmitirte su importancia para que tu también no descartes lo que tus "corazonadas" te están indicando.

La intuición, tiene la habilidad de brindarnos información de forma rápida. Es como un relámpago. De repente viene a nosotros.

No pierdan el tiempo en buscar explicación lógica, porque se trata de un campo en donde la lógica no tiene mucho espacio.

Pero sí hay que estar atentos.

Las intuiciones son mecanismos aprendidos. La información llega a nosotros velozmente como "tomando un atajo". Hay algo de esa situación que ya hemos experimentado que de repente viene a nosotros de una forma eficaz sin que tengamos que hacer esfuerzo.

Como digo siempre, el cerebro aprende cosas automáticas. Bueno, las intuiciones también forman parte de ese aprendizaje.

Lo que te va a resultar interesante es la continuación de la historia de mi clienta con problemas de pareja me cuenta:

"Hay algo del terapeuta que no me gusta" me dice.

Claro, por supuesto, nosotros no sabemos nada de la vida privada del psicólogo. Sin embargo, nuestra intuición está activa. Nos está dando información.

Esto me llamó la atención, porque a la hora de evaluar una situación, las intuiciones tienen el mismo peso de importancia que las explicaciones lógicas.

Recomiendo prestar atención siempre a las intuiciones.

Pasadas diez semanas, me vuelve a llamar mi clienta contenta por los cambios que hemos trabajado y me comenta una información del terapeuta al que asistió. Resulta ser, que, por intermedio de un conocido, le llegó a su conocimiento que el terapeuta escondía dos divorcios y una denuncia de violencia de género.

Entonces, ¿Qué consejo o ayuda podríamos encontrar ahí?

Con esto no estoy criticando al profesional de psicología. Ya he definido su actuar.

Lo que critico es la ubicación. En este caso de la persona responsable de dar consejo o asesoría en esos temas.

Si bien la información no era conocida en ese momento, la activación intuitiva fue muy potente como para advertir que algo de lo que sucedía ahí no era justo o adecuado para mi clienta.

Mercurio adosado a esta circunstancia – la terapia y el terapeuta- rigidizaba sus pensamientos angustiándola sin sentido.

Mercurio en algún momento tenía que soltar esa situación, por su naturaleza.

Pero si las creencias o cultura le imponen que tiene que seguir al profesional en su consejo, a quien iba a soltar era a su pareja.

La serie de ciencia ficción - luego llevada al cine- "Los Expedientes Secretos X" muestra cómo dos agentes del FBI muy distintos en su cosmovisión de la vida intentan investigar casos "X" los cuales no tienen una solución lógica o científica.

Los agentes se enfrentan a cuestiones místicas, sobrenaturales y de vida extraterrestre.

El lema de la serie "The truth is out there" (traducido al español la verdad está allí afuera) nos da el puntapié inicial de cómo los agentes se van abriendo o despertando hacia algo desconocido, más allá de lo que ellos pueden imaginar.

Por ahí es eso lo que nos encontramos en nuestra realidad.

El hombre no es una máquina perfecta. No existe lugar en la naturaleza para la perfección.

La perfección es un invento peligroso.

No lo podemos explicar, controlar y conocer todo.

Que tenemos que acomodar a nuestro Mercurio (pensamientos) para que puedan ser satisfactorios y adecuados. Pero no para otros, sino para nosotros mismos.

7. LOS AMBITOS: VIENTOS Y MAREAS

"Nunca la sabiduría dice una cosa
y la naturaleza otra."
(Juvenal)

Mercurio fue transformando nuestros mercados. Se han hecho más rápidos, intolerantes y también más desapegados. En los mercados actuales interviene la tecnología, desde la compra y entrega de productos y servicios hasta el conocimiento de gente por medio de aplicaciones de citas.

Lo cierto es que, contactarse, puede hacerse hoy sin palabras, a través de un sticker, emoji o imagen.

Nuestras conversaciones ahora son más rápidas, más informales, hay temas tabúes que se dejaron de lado como en otras épocas, existe una mayor polémica en los argumentos y/o opiniones. Son todas las variaciones que el intercambio comunicacional nos ha traído.

Estas características, como ya es sabido, no han mejorado las habilidades comunicacionales. De hecho, todo lo contrario: la diplomacia, el secreto, las negociaciones también han sido proclives a cambios.

Hoy podemos ver qué opina un presidente en su cuenta de red social, o hasta incluso, ver pornografía de un actor/actriz en los medios de una manera muy sencilla. El intercambio nos lleva y trae información de toda índole y apariencia.

Pero, he aquí, que parece que las necesidades siguen siendo las mismas: ser querido/a, tener una pareja estable, un buen trabajo o profesión, tener amigos, entre otras.

Todas cuestiones que rápidamente pero ineficazmente este mercado de pulgas ofrece y promete.

De pronto, que no sería una gran dificultad poder acceder a estas cuestiones, ¿pero por qué entonces no perduran en el tiempo? Siempre me llegan comentarios de cuán sola e irritada está la gente.

¿Si la tecnología tuviera el poder que se le otorga, qué es lo que está sucediendo que no llega a resultados tangibles?

La desilusión puede ser muy grande, porque aquello que creímos haber obtenido, ya no lo tenemos. Parejas que se rompen, amistades no verdaderas, información falsa en los buscadores... Estos son algunos pocos ejemplos de muchos otros que todos ya conocemos.

Vamos a profundizar en la temática de conocer a alguien, ya sea de forma de querer entablar una relación amorosa o bien de querer formar una amistad.

Si buscamos por los medios actuales, dependiendo la edad que tengamos y el si la suerte nos acompaña, deberíamos tener redes sociales o algún tipo de aplicación.

En cambio, si queremos ir por los medios tradicionales, tendríamos que encontrar a alguien que también esté dispuesto a socializar de esa manera.

Porque pareciera que, incluso, en los lugares de encuentro de la gente, están todos pendientes de lo que ocurre en sus smartphones. Entonces, es difícil incluso, poder intercambiar alguna charla en medios tradicionales.

El gran problema es la falta de un ámbito compartido neutral.

Hablemos de la importancia de ese espacio neutral que pretende unir a las personas.

Si vamos a un curso, la institución que imparte ese curso es a lo que llamaríamos el ámbito de actuación. Es neutral, y las personas que se dirigen a ese curso comparten el mismo interés, necesidad u objetivo.

Tener ámbitos a disposición es fundamental para cualquier tipo de socialización: un simple saludo, un hábito, querer conocer o intimar con alguien.

En comparación con la actualidad, si estamos en el gimnasio ejercitando y quisiéramos hablarle o acercarnos a una chica que está en la cinta de al lado, no podríamos hacerlo debido a que: está escuchando música mientras ejercita, está acostumbrada a hacer las cosas sola y no necesita ir a un gimnasio a conocer gente, sino que quiere entrenar su figura (está cerrada a conocer a alguien ahí), y no sólo esto, sino que, además, si pretendemos hablarle, puede que lo vea como un acto ofensivo. Esto por supuesto es una exageración.

Pero lo interesante a resaltar, es que, en el mundo moderno, se nos están acabando los ámbitos de actuación.

Si eres joven, tienes la escuela o la universidad, los lugares que frecuentas con tus amigos, o el trabajo.

Si eres adulto con hijos, tienes la escuela de tus hijos, el trabajo, por ahí algún club y algunos amigos de la infancia.

A lo largo de nuestro ciclo de vida participamos activamente en diferentes instituciones que sirven como entornos compartidos. Si eres adulto sin hijos tienes el trabajo, algunos amigos, etc.

En el mundo actual, se han reducido los ámbitos de actuación. Ni pensar si trabajamos desde el hogar o en home office.

Estos ámbitos resultan ser las primeras formas de acercamiento que tenemos hacia los demás.

Son el lugar de prueba y error, donde uno es quien es, y es donde -de alguna forma- las personas que más afinidad tienen se acercan y las que menos afinidad tienen se alejan. Es como un proceso automático. Uno no tiene que hacer absolutamente nada.

Comparemos cómo se desarrollan las relaciones en un entorno digital con respecto a un entorno cara a cara.

Por ejemplo, estoy inscripto en un determinado curso, digamos un curso de idiomas, qué pasaría si voy en persona a la institución o si asisto en línea.

En el primer caso, una vez que entro a la institución, voy al aula y cuando abro la puerta ya tengo ante mis ojos mucha información.

La primera decisión que tomo, incluso aunque no parezca importante, es dónde sentarme. Desde ese lugar comenzaré a evaluar el entorno y a todos los que participan en él, mis compañeros de clase.

Desde qué ropa usan hasta cómo se expresan en clase: cómo se mueven, hablan, sus gestos y otras cosas.

De alguna manera, con el paso del tiempo, entenderé algunos factores de la personalidad de cada uno. Los veo regularmente.

Hay ciertas reglas que parecen funcionar automáticamente: cada vez que nos encontramos, nos saludamos. Y poco a poco vamos generando un concepto e idea sobre estas personas. Hasta que, en algún momento, ya sabemos con quién(es) de ese grupo tenemos mayor afinidad.

Sin embargo, si decides tomar el curso en línea, no necesitarás ir a la institución.

Si quieres puedes estar en pijama en casa e incluso no puedes encender la cámara. La misma virtualidad no te dará espacio, y no hay interés en quedarte después de clase para chatear con alguien. De hecho, con suerte, has prestado atención a la clase mientras haces otras cosas. Con el tiempo, podrás tener una idea vaga sobre tus compañeros de clase. Por lo general, el mismo interés que tienes por el curso se expresará de la misma manera con sus compañeros.

El hecho de asistir físicamente a un entorno nos da definitivamente muchos indicios acerca de otras personas.

Acercarse a alguien de esa manera es más confiable. Yo sé más acerca del actuar del otro. Si alguien me interesa de alguna manera, ya sea por una relación amorosa o por una amistad, es el resultado de un proceso de decisión interno.

Pero este proceso no es abrupto. Por el contrario, se está llevando a cabo paso a paso. Es como si hubiera una mano invisible que reúne todos los elementos de una misma melodía sin compromiso.

Dentro de un grupo, se forman subgrupos. Esa mano invisible, natural e inútil, no es ni buena ni mala; pero no rechaza deliberadamente a los demás.

Cuando el curso llegue a su fin, el grupo necesariamente se disolverá. El desapego es natural porque se cumplió el objetivo.

En el mundo virtual, en cambio, se presta más interés a las fotos y videos de las personas.

Funciona como una góndola de supermercado. Me acerco a quien me gusta físicamente. Pero, a diferencia de la regularidad presencial, tengo a disposición no solo menor cantidad de información, sino que la información puede estar distorsionada. En verdad, ni siquiera sé si esas fotos son realmente confiables.

Este sería un primer acercamiento con intención sexual, luego se clasifica la información, y finalmente se descarta cuando se pierda el interés. El rechazo es más común en este ámbito, incluso para aquellos que ya habían sido seleccionados con éxito, porque el desapego no es armonioso.

En este caso, podemos sacar la siguiente conclusión: lo único que hace el ámbito es reunir y unirse con sus pares. De hecho, es, en realidad, una instancia preliminar, que el mundo virtual ha ido disipando con el tiempo.

Siguiendo con el ejemplo del curso de idiomas, supongamos que, de ese curso, he conocido a esa persona que quiero que sea mi amiga. Entonces, empezamos a frecuentarnos fuera del ámbito -la institución-.

Con el paso del tiempo, la familiaridad y la confianza con esa persona aumentan, lo que finalmente hace que la amistad continúe en actos de comunicación recíproca. Es decir, el tiempo ha encontrado espacio para poder volver a vernos y comunicarnos, porque hay algún tipo de familiaridad entre nosotros en la que nos sentimos cómodos.

Mirando estas escenas desde el punto de vista del resultado, entendemos que la amistad, en este ejemplo, fue la consecuencia de todo un proceso, donde hubo un ambiente compartido.

Y esta área o espacio compartido había servido como preselección, para que algo pudiera formarse -en este caso la amistad- y convertirse en constante (perdurar en el tiempo).

Este es un ejemplo de éxito, donde el tiempo y el espacio acompañaron la situación y generaron resultados visibles.

De lo contrario, también podría suceder que de ese curso surja ningún tipo de relación para continuar fuera de él.

En ese caso, la completitud del curso -el tiempo- es quien cumple con la función de separar lo que estaba unido. En este caso un grupo de personas con un objetivo en común.

Nuevamente, vemos que en esta situación no hay rechazo ni malas intenciones. Nadie ha hecho nada malo. Simplemente es -era- la normalidad del contacto con la gente.

Pero la situación actual en una reunión en línea es completamente diferente: vamos a un curso de idiomas, y ya existe la posibilidad de hacer un grupo de chat virtual paralelo.

El problema con esto es que la virtualidad es un juego de expectativa constante, porque genera presión grupal para al menos leer o ver el mensaje en la app, participar, o leer todo lo que todo el mundo piensa. Esta es una forma de sobrecargarse.

Si hubiera sido un grupo presencial sin necesidad de ser trasladado a la app, no obtendría la opinión de compañeros con los que no tendría ninguna afinidad. Ahora estoy obligado a leer los mensajes de todos. O, que incluso alguien se moleste conmigo porque ve que en ese grupo no participo.

El cerebro humano categorizará a las personas de ese grupo, diciendo: "esta persona es la que hace bromas", "esta persona es la que nunca responde", "esta persona es la que no entiende lo que se dice"; entre otras cosas.

En cierto modo, la virtualidad nos está obligando a participar en algo que, ahí fuera, en un entorno tradicional cara a cara, ni siquiera tendríamos que cuestionarnos.

En última instancia, si el grupo se disuelve al final del curo, terminó siendo un desperdicio de energía y un giro de los ojos cada vez que recibo un mensaje de spam.

Este entorno finalmente no ha servido para conocer gente.

¿Cómo hacemos para crear relaciones que perduren en el tiempo si no hay espacios de preselección?

Para responder a esta pregunta, primero debemos dar un paso atrás y admitir que vivimos en un mundo disperso.

En ciertas ocasiones, dejar que la marea nos empuje hacia adentro es oportuno ya que no debemos tener el control, pero en otras circunstancias, debemos asumir el papel de capitán del barco y manejar el timón adecuadamente.

La distracción es una consecuencia de la falta de atención.

No estoy enfatizando los enfoques de estilo de vida meditativo o existencial sobre vivir en el presente; lo que estoy enfatizando es que prestar atención a lo que está sucediendo en el entorno produce un hecho maravilloso: nos permite posicionarnos o ubicarnos estratégicamente en él.

Un mercurio estratega nos da muchas ventajas porque puede establecer metas fundamentalmente. Entonces, ante variaciones, cambios, exceso o falta de información, rechazos, arrepentimientos, en todos los vientos y mareas o cualquier tema que nos distraiga, tener un objetivo nos da la brújula perfecta a seguir.

Si nos perdemos (distrajimos) podemos usar nuestra brújula (objetivos) para encontrar nuestro camino de regreso al destino deseado.

En otras palabras, cada vez que nos distraemos, sabemos a quién recurrir: a nuestros objetivos. Entonces todas las distorsiones del pensamiento o distracciones se pierden en el camino. No somos arrastrados por esas distracciones.

Hay personas que tienen esta forma de pensar muy incorporada en sí mismas, que la respuesta viene directamente a ellos. Entonces es más fácil para ellos llevar a cabo este proceso de ubicarse en el entorno.

Muchos lo atribuyen a su intuición. Y realmente lo es.

La intuición de que hay algo ahí fuera que te llama la atención a la hora de tomar decisiones.

Como dije antes, en el proceso intuitivo el cerebro "mágicamente" ya ha perfeccionado el camino y puede tomar rápidamente atajos para proporcionar una respuesta a la persona.

Es cuando decimos que una persona experimentada ya sabe lo que sucederá bajo las condiciones que se presentan. Esa experiencia hizo que la intuición se desarrollara más agudamente con el tiempo, como para predecir lo que sucederá.

En nuestro ejemplo: mi objetivo es encontrar una amistad duradera. Imagina por un instante la siguiente situación: debido a una publicación en una red social el año pasado, alguien me escribe y decidimos reunirnos, pero por algún motivo nos desencontramos.

Esta persona me vuelve a escribir 5 meses después, y finalmente logramos encontrarnos, pero nuestra intuición (o capacidad para ubicarnos en el contexto) nos muestra signos de que es algo fugaz, ligero, donde no hay un gran compromiso o varios puntos en común, por lo que es mejor no tener grandes.

Tómalo como algo temporal, donde no tienes que poner mucho esfuerzo.

Por supuesto, si quiero una amistad duradera, va a tomar tiempo y dedicación; pero si los signos de primera instancia ya muestran falta de compromiso, problemas de comunicación o falta de acuerdo, sabremos que la relación no será tan fluida y que en algún momento las intenciones se desinflarán.

Aún hay más, porque ubicarnos correctamente en el ámbito ya nos pone solo en el medio del camino.

Ahora también hay otras estrategias interesantes para incorporar, y requiere otra tarea extra: estar dispuesto a generar espacios que sean preselectivos.

Si el campo no existe, tendremos que crearlo nosotros mismos. Esto implica generar o encontrar áreas que permitan la interacción.

Volviendo al ejemplo de la amistad virtual, conocer a esa persona, por ejemplo, para tomar un café, implica generar un campo de interacción.

El punto es que, asistir y reunirse requiere el compromiso de ambas personas.

En la institución lingüística, no importa si la persona asiste o no. Ya que, si no asiste, no habrá oportunidad de interactuar. Incluso, si la persona llega tarde, a ti no te afectaría directamente. De hecho se afecta a sí mismo, ya que se pierde parte de la calase. Pero si un desconocido llega siempre tarde a un curso, en realidad, no le falla a nadie. A lo sumo podrá tener algún tipo de problema de presentismo con la institución.

Pero ¿qué sucede en cambio con el ejemplo de la publicación si arreglé reunirme con esta persona y él o ella llega 30 minutos más tarde sin notificarme? Esto comienza a molestarme o hacerme sentir incómodo de alguna manera. Puede ser tomado fácilmente como algo personal.

Incluso si la reunión fue exitosa, y decidimos volver a reunirnos en otra ocasión, debemos tener en cuenta que siempre estamos en un campo que antes no se generaba de manera neutral y, por lo tanto, aún no ha habido un proceso de preselección.

El hecho de que la virtualidad haya sido puesta en marcha no implica que se haya llevado a cabo el proceso de preselección.

Más bien, estamos mitigando las circunstancias de que, como no hay ambiente, lo estamos generando afuera, y esta circunstancia ya no es neutral como la institución de idiomas.

Esto se suma a nuestro propósito de colocarnos en el alcance o contexto. Debemos tener paciencia y perseverancia para ser nosotros quienes propongamos espacios para intercambiar y poco a poco hacer esa preselección. Sí, puedo imaginarme lo que estás pensando en este momento: es difícil y lleva tiempo.

De lo contrario, tendremos amistades -por ejemplo- que durarán mientras dure el entorno virtual, y de vez en cuando volveremos a contactar con esa persona, porque hemos acordado o porque intercambiamos redes sociales.

Pero mirándolo de esa manera, estaremos en la misma situación: incapaces de mantener algo constante.

Hasta ahora, tenemos dos elementos para liderar un proceso de preselección: primero; establecimiento de metas y segundo; a partir de la autogeneración de espacios comunes, ahora podemos ir un paso más allá y añadir un tercer elemento: entender las reglas del juego de ese entorno (mercado).

Desafortunadamente, no podemos ir en contra todo lo que está haciendo el progreso tecnológico, pero podemos ser advertidos sobre lo que estamos enfrentando.

Tal vez, no podemos esperar mucho de esto, deberíamos bajar nuestras expectativas y prepararnos para esta situación; pero aun así, sería aburrido e inhumano controlar nuestras expectativas o lo que uno siente debido a una plataforma digital o una aplicación.

Aquí es donde todos sostienen: "no es solo una aplicación, sino que la gente también está detrás de ella".

Sí, es cierto; pero las personas operan en ese mercado digital de una manera que es consistente con las reglas que impone ese mercado digital.

Llevándolo al extremo y con el debido respeto, es común intercambiar fotos sensuales en las redes sociales.

Esa normalidad, o, dicho de otro modo, que es normal en esas condiciones, son reglas implícitas de comportamiento que se observan en las redes sociales para determinadas personas.

Los que más sufren son los más jóvenes, porque los adultos experimentados se cansan y continúan con otras cosas. Pero las generaciones más jóvenes nacieron con el culto a la tecnología, y no conocen otros caminos distintos de estos.

Entonces sólo nos queda reflexionar con nosotros mismos y preguntarnos: ¿Cómo me llevo con esas reglas? ¿Cuánto estoy dispuesto a arriesgar? ¿Cómo participo en ese mercado conociendo las reglas que tiene?

Nuestro ejemplo lo aclarará mejor.

Si busco amistades duraderas o pareja en redes sociales, y veo que las reglas del juego en ese mercado son ligeras, poco comprometidas y cambiantes, me costará adaptarme a ellos, porque mi objetivo es otro. No estoy en la misma sintonía que ofrece ese mercado. De hecho, para ese propósito, ese mercado es inútil.

Si quiero participar, tendrá que ser con otros objetivos u otras intenciones. Esto significa que tendría que cambiar mi forma de pensar al respecto.

Lo que es importante recordar es que establecer metas también nos ayuda a evitar frustraciones y disgustos.

Es de alguna manera una protección. Nos protege mental y emocionalmente de caer en los remolinos de las mareas.

Φ

En estos dos últimos capítulos el lector notará que hemos dejado los ciclos del tiempo para integrarnos en los problemas típicos de la vida cotidiana: nuestros pensamientos (Mercurio) y contextos (Medio Ambiente). Ahora en el próximo capítulo, tomaremos nuestras mochilas y haremos una pequeña excursión.

Nuestro objetivo permanece intacto: no ser vistos como una presa.

8. PEREGRINO

-La historia de la Sra. Z-

"Mira para atrás
observa cuanto has avanzado,
cuanto tiempo ha pasado y
cómo tú has cambiado.
Mira para atrás
observa como aquello tan anhelado
simplemente el tiempo lo ha esfumado
Mira para atrás
observa como el mar tus huellas ha borrado
pero sus aires salados en tus ropas se han impregnado
Mira hacia adelante
observa el intrigante y colorido ocaso
invita al cansancio a ceder
mi cuerpo cae
todo simplemente ha pasado."

(Ignacio Kardya, Extracto Poema "7")

Es maravilloso el ser humano. Tiene la habilidad de poder cortar el silencio con sus palabras.

Nos hemos olvidado lo importante que es, poder expresar lo que todo nuestro interior quiere decir.

Generalmente no prestamos atención a ellas.

Nuestra manera de conversar muchas veces tiene sesgos copiados o aprendidos de otras circunstancias y son traídos a nuestra experiencia diaria constantemente. No sólo nos acostumbramos a un tono de voz, pero también a una forma de expresarnos. Esa es la manera en que interactuamos.

Creo que las teorías de la comunicación fallan en querer modelizar fehacientemente lo que sucede en una comunicación.

Nos aportan de elementos descriptivos como emisor, receptor, mensaje, feedback y contexto; pero cuando llegamos a la realidad, a veces incluso ni podemos terminar una frase porque nuestro interlocutor nos ha interrumpido.

O tenemos que apurarnos en decir todo rápido, porque la mímica y gesticulación de la otra persona nos está apurando. O pensamos toda una conversación en nuestra imaginación que queremos tener con un amigo, y termina resultando en algo completamente distinto.

Lo maravilloso del ser humano, su comunicación, un don que no sabemos cómo, pero genera desde las uniones más hermosas, hasta las guerras y peleas interminables.

Si hay una teorización que siempre traigo, y que me gusta hacer referencia, y es hacia la teoría sistémica. A lo largo de este ensayo habrás visto elementos de este campo de conocimiento; y en esta oportunidad, quisiera hablar sobre los patrones o "patterns".

Cuando un sistema (persona, en este caso) está funcionando (operando en la vida) genera formas consistentes de comportamiento o patrones de conducta; que se irán repitiendo debido a su funcionalidad.

Bajo este modelo: Los resultados de cualquier situación son debidos a que ese sistema encuentra una funcionalidad en eso.

Entonces lo que emerge de ese sistema -el resultado- no es más que algo funcional.

No existe una consecuencia que no le sirva -no cumpla una función- en ese sistema.

Cuando conversamos, existen formas de reacción guardadas en nuestro cerebro, que hemos incorporado a lo largo de nuestra vida social.

Es muy útil analizar de dónde vienen ciertos patrones de respuesta cuando uno aprende un idioma nuevo y se inserta en esa cultura extranjera.

Hay frases y contenidos que ya son preestablecidos que en esa cultura tienen un sentido y un valor.

Suena un poco robotizado, pero sabemos que, si queremos comunicar algo en otro idioma para que esa persona lo entienda, tengo que mencionar aquellos patrones necesarios en el contenido de mi frase, para que nuestro interlocutor pueda entender el sentido de lo que estás diciendo.

Traducir palabra por palabra lo que quiero decir en mi idioma nativo al idioma extranjero no tendrá los mismos efectos. Si quiero decirle a alguien, que le tengo simpatía y que me agrada; no puedo decirle "me gustas"; porque en muchas culturas eso tiene otro tipo de connotación.

Con esto, existen frases que "ya están armadas" que vamos incorporando en nuestro lenguaje. Pero también existen formas.

Formas comunicacionales típicas de una cultura que son muy distintas. La forma comunicacional de una persona que creció en Italia es muy distinta a una de Suecia. Pensemos un instante las diferencias que hay, por ejemplo, en la comunicación de un problema bajo las dos perspectivas. Es totalmente diferente.

¿Qué formas comunicacionales pre-establecidas o patrones comunicacionales tenemos instalados en nosotros? ¿Nos damos cuenta de ellos?

Una cliente muy apreciada viene a mi consulta por problemas personales.

Me acuerdo de que las conversaciones que teníamos llevaban acompañados los mismos patrones.

Empecé a extrañarme un poco, porque los contenidos de esas charlas no eran los mismos.

Había como un flujo que comenzaba con preocupación, luego desesperanza, luego seguía un humor y luego se quedaba callada.

Pareciera que cuando le preguntaba: "¿Cómo estás?" Apretaba siempre el mismo botón, y se disparaba la misma secuencia: preocupación, desesperanza, humor, silencio.

E incluso cuando argumentaba algún punto importante, volvía a apretar el mismo botón.

Entonces ella se quedaba siempre con una sensación de silencio y que no podía llevar su vida adelante.

Pues no, si siempre apretamos el mismo botón.

La frase apretar el mismo botón, tiene mucho valor intrínseco: si presiono el mismo botón es porque es para mí más económico y funcional.

Es algo que está instalado adentro mío.

Si tengo que mover ese patrón, le costaría un esfuerzo extra a nuestro cerebro.

Pero justamente, de eso se trata. Hay que entrenar nuestro pensamiento, de la misma forma que entrenamos nuestro cuerpo para tener movilidad y flexibilidad.

Esto sucede en muchas circunstancias.

Cuando uno cuenta algo personal, a veces, quien nos responde aprieta sus botones favoritos.

No es lo mismo llegar a una reunión con amigos y camaradas y contar una historia graciosa, que contar algo que es doloroso, o bien algo neutral.

Vamos a optar por algo neutral, ya que es el ejemplo más complejo.

En el mundo mental existen pares opuestos: optimismo-pesimismo; afortunado-desafortunado; malo-bueno, podemos encontrar en nuestro tesauro lingüístico miles y miles de pares opuestos.

Nuestras formas comunicacionales incorporan estos pares porque de alguna forma nuestro cerebro tiene que accionar rápidamente y elegir qué de todo lo que mi entorno me está trasmitiendo sirve para responder.

Esto significa: qué botones tengo que apretar para esa situación en ese momento particular.

Pero ¿Cómo clasifico o evalúo si lo que me cuenta el interlocutor no es ni bueno ni malo? ¿Qué botón aprieto?

Aquí intervienen los sesgos. Sesgos en la comunicación acuerdo a mis preferencias personales.

Si lo que me cuenta no es optimista, entonces es pesimista.

Si no entiendo lo que me está diciendo, entonces está mal.

Si no opina igual que yo, entonces es mi enemigo.

Si está preocupado/a, entonces está mal.

De alguna forma, nuestra mente termina polarizando o entendiendo lo que ella quiere; y por más que la otra persona me quiera convencer de lo contrario, nuestra mente ya clasificó, evaluó y empaquetó todo el sistema de respuestas que dará al entorno.

Moverse de ese lugar, implica un gran esfuerzo. ¿Estas preparado/a para ello?

La respuesta, en primera instancia es negativa. Porque eso requiere de tiempo, apertura, análisis, que muchas veces -en este mundo tan disperso- las conversaciones no lo pueden garantizar.

Como estudioso de la vida, mi laboratorio experimental también son mis encuentros fortuitos con personas de toda índole.

Me gusta plantear cuestiones que no se esperan en una situación social, para analizar luego qué es lo que sucedió en ese momento.

Me encuentro con una Señora, llamémosla "Z" sumamente optimista y religiosa.

Y, entre líneas de una conversación emito la siguiente frase: "Estoy en un período de mi vida de contracción, donde no hay espacio para muchas oportunidades".

Mi interlocutora estuvo más de 45 minutos tratando de decirme que no puedo ni debo pensar de esa manera. Que era muy negativo. Que no me valoraba a mí mismo. Que en el fondo tenía dolor. Que tenía que rezar y pedir por mejores momentos para mí.

Todo eso activó una simple frase.

Lo primero que le respondí: ¿Tanto te impactó la frase que acabo de decir?

Parece ser que volví a incentivar su botón, y me sostuvo otros 20 minutos más.

Le volví a responder: "no estoy de acuerdo con lo que dices. Yo no lo pienso así. ¿Por qué no puedes considerar una postura realista o neutral? ¿Por qué exageras? ¿Con que sentido tienes que meterte en mis sensaciones y decir que tengo dolor, o que soy esto o lo otro? Esto es una simple conversación. Te estoy contando lo que en este momento estoy transitando -no es ni malo ni bueno- es la vida misma. Es la normalidad. O acaso, ¿Te incomoda encontrarte con otras realidades? ¿Qué es lo que te desilusiona tanto?"

Fue una conversación entretenida.

No por el contenido, porque claramente esta persona me está diciendo evaluaciones hacia mi persona sin tener conocimiento de mí, ni conocer detalles o los fundamentos de mis argumentaciones; sino por el aprendizaje y las posturas que esto trajo.

Uno tiene que defenderse a sí mismo.

Haber dicho: "no estoy de acuerdo con lo que dices" es el primer paso para poner un límite.

Por supuesto, que la persona se quedó ensimismada y mal humorada luego de la conversación, porque su visión optimista no logró establecerse y se encontró con algo muy distinto que -seguramente- no le gustó.

Pero hay que entender, que las comprensiones de la realidad y de la filosofía que uno tiene de la vida y para con la vida, son distintas. Si, así es.

Existen distintos niveles y formas de comprensión acerca de la vida; en donde las palabras pueden ser como espadas o cuchillos que cortan, incluso por más que la otra persona no tenga la intención de hacer daño.

Una simple frase desató una hora de conversación donde esta persona se enojó consigo misma por lo que yo le dije de mi vida. Su botón de defensa contra la falta de optimismo se activó.

Pero yo no puedo hacer nada al respecto. Es un tema personal de su forma de procesar.

Yo no le he faltado el respeto, no le he dicho que tiene dolor, o que está mal lo que piensa. No le dije nada de eso. Simplemente le he contado como eran mis días en estos momentos.

De este ejemplo es que quisiera traer algo para analizar: los consejeros.

Cuando uno se encuentra en un callejón sin salida, lo único que ve son como las paredes de ladrillo se hacen más y más grandes.

Es una sensación de frustración porque no sabemos cómo salir de ese lugar. Así es que decidimos -más o menos deliberadamente- buscar consejo en otras personas.

Los amigos y la familia son los grandes preferidos para estas cuestiones, porque nos conocen, nos sentimos entendidos y queridos y son, por así decirlo, parte de nuestro clan. Hay algo en ellos que nos da confianza para consultar a su sabiduría.

Otras opciones incluyen a alguien externo: un orientador, Coach, o incluso, les dan lugar a personas desconocidas que, de repente sus caminos se cruzan.

Como he dicho con anterioridad, buscar consejo, es sin lugar a duda consultar a un oráculo.

Esperamos de un oráculo una respuesta que nos sirva de escalera para poder salir de esos muros.

Esperamos una comprensión y una nueva oportunidad.

Esperamos también tener una perspectiva más amplia en donde encontremos una visión de nuestro problema desde un ángulo que nos permita salir para adelante.

Pero consultar al oráculo es como un viaje de peregrinación. Para llegar a esa sabiduría hay que realizar un largo viaje, salir de lo cotidiano y entrar en ese lugar recóndito. Implica un movimiento hacia algo sagrado que está lejos. No está a la vuelta de la esquina, porque si no ya hubiéramos accedido a su sabiduría.

Entrar al oráculo implica atravesar las grandes columnas de piedra, sacarse el sombrero por respeto, y avanzar lentamente hacia una fuente de conocimiento, mucho más amplia de lo que nosotros podemos imaginar.

Esta fuente no hace evaluaciones -no dice que está bien o mal-, simplemente da información.

Puede ver cosas que nosotros no vemos. Recibiremos una respuesta, que estará en nuestra mente mucho tiempo, por ahí sin ser entendida en su completitud.

Su simbología puede ser extraña y la vez precisa, pero sí que resonará y nos servirá para que algún día, el menos pensado, encontremos los medios para salir de nuestro callejón.

Algunos se quedarán callados y tomarán el mensaje para que siga su curso; otros lo dejarán ir y nunca entenderán el por qué ni el para qué de ese mensaje. Pero al salir de ese lugar tan lejano, nos iremos con la sorpresa de algo nuevo y aprendido.

Ahora bien, la imaginación es tan detallista y dulce para armar los escenarios más preciosos y de película; pero obviamente, no realista. Estamos acostumbrados a que buscar consejo es algo simple y está disponible todo el tiempo.

Imagínate si juntas tus fuerzas y emprendes viaje para recibir un consejo de la Señora Z. ¿Qué puedes esperar? ¿Te dirá que como no puedes salir de tu callejón es porque no confiar en ti mismo o tienes dolor? ¿Te dirá que tú mismo estás atrayendo eso con tus decisiones y tu actuar? ¡Cuánto esfuerzo perdido!

Inspeccionemos el tema en tres partes: ¿A quién pedimos consejo?, ¿Qué es el callejón? y ¿Cuál es mi rol en todo esto?

Empecemos con la sabiduría.

En el 99% de los casos las personas pueden tener buenas intenciones, pero sus decires no se aplican a nuestra situación.

La gente cree que es adecuado aconsejar acerca de la vida de otras personas, pero no hacerse cargo de la de ellas mismas. Si están viviendo una situación particular, no pueden salir de ella y te aconsejarán lo que ellos están viviendo.

Chocaremos reiteradas veces con formas comunicacionales automáticas, y respuestas sencillas o mágicas estilo "recetas de cocina".

Todas la pseudo sabiduría que llevan esos comentarios están en que tú eres quien controla lo que sucede. Eso es totalmente falso.

La gente dice lo que le resulta más fácil de decir, y a veces, no entiende incluso lo que está diciendo. Y otras veces habla por el sentido de hablar.

De estos sabios, gurúes y adivinos escucharemos consejos de que hay algo mal que TU estás haciendo. O es tu actuar, o es lo que atraes, o son tus deseos reprimidos, o es tu inconsciente, etc.

La comunicación es en verdad un proceso complejo. En él intervienen muchos factores, pero lo más importante, es que no es perfecto. Y de eso hay que aprender.

En la comunicación interviene la percepción del interlocutor, que puede resultar completa o incompleta, mal interpretada o bien interpretada, sesgada por creencias y estados de ánimos del interlocutor, etc.

De aquí que es importante entender que lo que decimos ejerce una influencia en los demás y por eso trae consecuencias. Es preferible ser cauto al hablar. No hablar de más. No todos pueden aconsejar.

Entonces, ¿Qué es lo que hacen esos sabios para ser considerados sabios? ¿Cómo son sus vidas? ¿De dónde surge su saber tan preciado?

No existe una universidad o un doctorado para convertirse en sabio, no hay que viajar al lugar más lejano del mundo para ir a un centro de retiro para encontrar prácticas de sabiduría.

Lo que sí le exijo al sabio es que sepa pensar.

Es salir de esos botones automáticos, y que pueda comprender adecuadamente qué es lo que está sucediendo en la otra persona, sabiendo que nunca estará 100% en la misma situación que esa persona.

El sabio debe tener la agencia de poder estudiar al ser humano, como ser actitudinal que se comporta en el entorno.

Un sabio es quien pretende entender con humildad cómo funciona la vida. No es quien se cierra y se aísla del mundo cerrando los ojos. Es todo lo contrario, quien ve curiosamente el funcionamiento de la naturaleza. Abre la ventana y puede observar lo mágico del mundo. Lo estudia, lo investiga.

Su trabajo es activo y constante. Ahí está su magia. Para acceder a nuevas perspectivas, a nuevas opciones, observa que es lo que pasa afuera. Le exijo al sabio, variedad, pluralidad, apertura, técnica, profundidad, en fin; conocimiento más allá de los libros y de los consejos vacíos de falsos líderes.

Continuemos; ¿Qué representa el callejón?

Una encrucijada. Es ese espacio de nuestra vida obstruido. Por ahí no se puede pasar libremente. Ir o volver no se puede. Solo llegas hasta ahí. Es un freno, un límite, que sí o sí tienes que vivir. Es parte normal del desarrollo de la vida. No es que tu hayas hecho algo más o lo hayas atraído con tu mente.

Si nuestro corazón tiene bloqueos, el cuerpo tiene la habilidad de encontrar atajos o nuevos caminos. Así como el río estancado se seca y se inunda en distintos momentos, y también encuentra una salida o un atajo. Ese límite es necesario en ese momento, observa tu callejón, estúdialo, entiéndelo.

Nosotros jugamos un rol muy importante en todo esto, porque somos quienes operamos en nuestro medio. Escucha a quien pueda darte información de valor. Tómate el tiempo que necesites para transitar esto. Aléjate del optimismo y pesimismo superfluo.

Si no encuentras consejo, busca apoyo. El acompañamiento de los demás es una herramienta muy buena para todo tipo de situación. Si estás viviendo un momento que no logras entender, la compañía es una buena distracción.

Pero ten cuidado con lo que escuchas. Entiende qué conversaciones vienen de la inercia comunicacional. Recuerda que las palabras pueden ser filosas y que la ignorancia forma parte de lo natural.

Preguntémonos:

¿Quiénes son nuestros aliados que nos brindan apoyo?

No me estoy refiriendo a lo que comúnmente la jerga denomina "gente tóxica"; porque incluso hasta el más ingenuo con una navaja puede hacernos daño. Acentúo que, quien brinda apoyo lo hace independientemente de qué circunstancias se estén presentando.

Como en todo ciclo: existen olas donde el viento nos toca a favor, por ahí debemos esforzarnos menos para lograr nuestras metas, tenemos al alcance de la mano una buena suerte, hasta incluso nos sentimos agradecidos de lo poco que tenemos, pero de la salud mental que nos brinda.

Ahí es donde los aliados nos encuentran y nos sostienen con su simpleza del acompañamiento. Ellos están con nosotros. Por ahí entre todos nos contagiamos de momentos alegres o de situaciones que nos llenan el corazón.

En el caso contrario, cuando nos encontramos en la rompiente de la ola y estamos intentando aminorar los daños que esa gran ola podría ocasionar en nosotros, nuestros aliados ahí también están presentes. Nos acompañan y por ahí intentan levantarnos el ánimo o simplemente escucharnos.

No es sencillo encontrar aliados que participen de ambas situaciones.

Si nos encontramos en un momento glorioso, podemos encontrarnos, también, con aquellas personas que, en vez de apoyarnos y acompañarnos en este momento, intentan tirarnos abajo, o generar discordias, para que aquello que está sosteniendo este momento sea derribado.

Si nos encontramos, en cambio, en momentos inoportunos y grises, encontraremos por ahí aquellos que creíamos que eran nuestros aliados que nos dejan de lado, no nos prestan compañía, sino que incluso nos critican y nos dicen que somos exagerados de la situación.

Aunque parezca superfluo, encontrar apoyo es algo complicado. No siempre está disponible, y es algo pequeño, que tenemos que valorar. Generalmente quienes brindan ese apoyo son nuestros amigos. Porque ellos están ahí presentes independientemente de las circunstancias; y en el fondo, compartimos lo mismo: querer que el otro esté bien.

Si estamos mal, por ahí ese amigo, nos puede hacer sacar una sonrisa frente a los malos tiempos; y si estamos bien, sentiremos que su presencia nos alegra el corazón.

9. NUCLEO CELULAR

"¿Usted tiene enemigos? Está bien.
Eso significa que has defendido algo,
en algún momento de tu vida."
(Winston Churchill)

¿Qué es lo que puedo hacer con todo esto?
Empujarme. Llevarme a pasear por un lugar que sea mi zona de confort.

A diferencia de muchos libros y escritos que se publicaban en los años 2000, aquellos que relataban ideas tales como: "salir de la zona de confort", "lo desconocido te espera" y "piensa disruptivamente para innovar"; yo creo firmemente que uno sí debe crear su burbuja interna.

Ese espacio donde uno pueda sentirse protegido. Así como nos protegemos del frio con abrigo y calor; y también, nos protegemos del calor con sombra y ropas claras; es necesario crear un entorno personal que sea nuestra guarida de goce y satisfacción.

Esto va más allá del concepto de esfera personal.

Recurriendo a la imaginación, si trazamos la zona personal como un círculo con un núcleo, nuestra guarida sería ese núcleo central.

Como he dicho con anterioridad, una de las grandes virtudes del ser humano es poder crear. Crea productos, pensamientos, emociones y situaciones.

Aquí la capacidad creativa está vinculada con nosotros mismos. ¿Cómo puedo amoblar y hacer a mi gusto ese núcleo personal? Es muy importante nutrirlo y cuidarlo.

De alguna forma, es nuestro lugar donde podemos descansar del peso que sentimos del mundo.

Cuando un cliente se presenta con problemas de autoestima y tienen esa visión de túnel oscura y no llegan a ver salida; lo primero que trabajamos es ese núcleo personal. Porque gracias a ese núcleo es que uno puede estar presente en la vida, con lo que tiene y con lo que puede ofrecer.

Relaciono ese núcleo con la "llama interna", porque nos motiva, nos mantiene de pie para seguir caminando sin importar las condiciones.

Generalmente, en ese lugar oscuro no entablamos conversaciones con nosotros mismos. Solo nos autocriticamos y sacamos lo peor de nosotros ahí, sin poder entenderlo o comprenderlo.

Por un lado, es acertado ser realista y autocrítico; pero luego no nos tenemos que olvidar del paso que sigue - el más difícil: qué es lo que hago con todo esto.

Te imaginas si estás en tu lugar de descanso y lo único que escuchas son críticas, peleas internas y gritos hacia ti mismo. ¿De qué forma puedes encender la llama si estás en medio de un huracán emocional? Quieren intentar concentrarte en entender lo que está sucediendo, pero es imposible.

Cuando ese núcleo se encuentra oscuro y no encontramos cómo encender la llama interna es importante recurrir a técnicas prácticas.

Una de las principales que hemos visto es la de gestionar los pensamientos. Decidir quien tiene paso y quien no.

Otra es la importancia del respeto hacia la vida. Porque vivir es tu derecho.

La próxima técnica que vamos a ver es la del auto-empuje. Así como nos autocriticamos también podemos buscar la forma de empujarnos a nosotros mismos de ese lugar y crear uno nuevo. De más está decir que todos, pero todos, tenemos un instinto de supervivencia. Digámoslo así, viene al nacer. Bueno, está disponible para que lo utilices cada vez que lo necesites. Aunque te excuses que no tienes fuerza. Está ahí. No te olvides, también es tu derecho. Empujarnos hacia nosotros mismos no es más que intentar un cambio en nosotros.

Los primeros pasos son los más difíciles.

Mi objetivo es que puedas armar un núcleo que sea cómodo para ti. Depende únicamente para ti. Te hace único, te hace única.

Es muy sencillo habituarse y vivir en "piloto automático". Ya lo hemos visto, a veces realizamos tareas que son tan automáticas que ni siquiera nos damos cuenta de que las hemos realizado. Lo mismo sucede en nuestra mente.

Por eso mismo, hay que enseñarle a la mente que, cada vez que se agote, cada vez que necesite un descanso, y cada vez que tenga que reflexionar, se dirija a un lugar cómodo, de protección y de motivación.

El truco está en la reingeniería de los pensamientos. Lograr ubicarlos y darle lugar a aquellos que necesito en este momento particular.

Pero si yo mismo no tengo creado ese lugar mental donde descanso, es imposible que mi mente tome un camino que no conoce, si actúa automáticamente.

Entonces ¿Cómo construyo mi núcleo?

Primero y principal: tiene que ser un lugar agradable y respetuoso; ya que, si en mi núcleo cabe la reflexión, ésta tiene que ser armónica y comprensiva.

Si en mi núcleo hay peleas conmigo mismo constantemente, entonces, no es el momento de incorporar en él un espacio para la reflexión. Será incorporado en otro ciclo de mi vida donde pueda lidiar con eso de una manera más amable y productiva.

En este lugar quiero mi bienestar.

¿Qué es lo que me hace bien a mí personalmente? en primera instancia y en segunda instancia, ¿Qué es lo que me hace bien a mí de la interacción con los demás? Mi núcleo tiene que limitarse a aquello que me hace bien, me da fuerza y me motiva.

Si en nuestra vida cotidiana nos relacionamos con personas ambivalentes, esto es: a veces nos hacen bien y otras nos hacen daño; entonces tenemos que tomar una decisión un poco más conciente antes de juntarnos nuevamente con estas personas.

En caso de estar pasando por un momento personal estresante o inoportuno, es preferible que estas personas estén lejos de nuestro núcleo, o bien muy a la periferia de nuestra zona de confort; ya que no disponemos en ese momento de la fuerza necesaria como para gestionar eficientemente lo que nos dicen y hacen.

Por ahí la persona no tiene malas intenciones, pero de alguna manera, caemos como presa en garras de un león. Si es el caso de una persona que no frecuentamos demasiado, entonces, no habría mayores inconvenientes. Lo problemático resulta con personas que debemos verlas sí o sí.

El siguiente ejemplo nos sirve para clarificar: tengo una clienta que está pasando por un momento bastante difícil y siente, en este momento, que su trabajo le es hostil y cruel. Sobre todo, la forma en que su jefe la trata. Su motivo de consulta fue que le era muy difícil no ponerse triste cada vez que el jefe le decía algo negativo. Y, a pesar, de que ella ya había avisado que estaba pasando por momentos familiares complicados, el jefe pareció no comprenderlo del todo. En un principio era cordial, pero luego de un tiempo su accionar volvió a ser lo que era. Entonces, de alguna manera, había que correrlo al jefe lejos del núcleo personal y ubicarlo en la periferia de la zona de confort. Dos recursos utilizamos: la orientación a la tarea y las alianzas.

De ahora en más, mi clienta tenía que dejar su rol pasivo con sus objetivos laborales y transformarse con un rol activo tomando responsabilidad del 100% en lo que realizaba. Ella trabaja en un hospital. Por lo tanto, su prioridad dejo de ser algo borroso, sino que lo transformamos en algo concreto. Su prioridad son ahora los pacientes. Qué atención, terapéutica, indicaciones y papeleo tiene que llevarse a cabo.

Entonces cada vez que tenga que hablar con el jefe va a ser de sus pacientes, y por el momento, nada más. De cómo resolver y encarar el trabajo con ellos.

Aunque parezca simple, muchas veces, cuando le pregunto a la gente cuáles son sus objetivos en su puesto laboral, no pueden responderme adecuadamente.

Es muy importante saber para qué estoy haciendo todos los días lo mismo, entendiendo el alcance de mis actividades. Porque, como digo siempre, si estoy ahí haciendo "algo", sea lo que sea, es que eso cumple una función.

La segunda estrategia es buscar alianzas con los compañeros. Es una forma de búsqueda de apoyo y soporte. Esto genera de alguna forma que haya mayor sostén.

La clienta tenía reuniones semanales, y no es lo mismo defender su posición sola, que contar con el apoyo de los otros colegas.

De esa forma, si ella se olvidaba de algún punto importante o algo estaba pendiente, el trabajo en equipo, la ayudaba notoriamente, ya que otro colega podía responder la duda del jefe, aunque ella se hubiera olvidado. En la mente del jefe, significa que se está trabajando en el tema y no hay huecos. Ahora bien, si el jefe le pregunta y ella no puede responder, el jefe le queda la sensación de que no se está resolviendo al paciente.

Luego de cuatro meses, mi clienta me llama contenta, no sólo porque estaba más firme con sus actividades laborales, sino porque ella se siente bien, y su núcleo no está invadido por el jefe. Tiene mayor libertad para poder actuar y enfrentar sus problemas personales.

Este primer ejemplo nos sirve para entender cómo mi núcleo interacciona o responde hacia otros. Pero nos ha quedado pendiente lo más importante: sin los demás, ¿cómo me armo a mí mismo mi espacio de confort?

Lógicamente, todo aquello que me hace daño, hay que sacarlo. A propósito, notarás que empecé por el ejemplo de mi clienta y su jefe, porque sacar lo tóxico o dañino de algo que tenemos que ver día a día, no significa aniquilar, abandonar, dejar, etc. Todo lo contrario, significa ubicarlo donde tiene que estar ubicado. Esa es la forma de sanar nuestro núcleo para ese caso.

Si es una persona que nos hace daño constantemente y no tenemos la necesidad de juntarnos o vernos diariamente, entonces es sencillo. Sacarla o sacarlo, implica no hablarle más o perder el contacto.

Ahora bien, de la interacción con los demás surge algo personal interno: en mi espacio el daño a mí mismo no tiene lugar.

Y para trabajar la parte contraria: el placer y el gusto. ¿Qué es lo que si entra en mi núcleo que me hace bien?

Aquí nos damos el permiso para usar nuestra imaginación libre. ¿Qué me hace bien? ¿Qué me reconforta?

-Imágenes: son el empapelado de nuestro espacio. Ahí están aquellas más importantes y bonitas para nosotros. A veces son de situaciones pasadas, otras son inventadas, otras son deseadas y otras simplemente son. Pero hay algo en ellas que nos reconforta y por eso son seleccionadas por nosotros.

-Actividades: cuáles son aquellas que me reportan satisfacción.

-Recuerdos agradables: aquellos que nos dibujan una sonrisa, nos hacen sentirnos a gusto. Nos hacen reír o recordar algo gracioso. Las bromas, los juegos de palabras, las frases graciosas. Aquello que se decía o los recuerdos de una persona que ya no está contigo, pero que generan sabiduría en ti.

-Lugares: todo tipo de lugar que consideres acogedor tiene que ser visitado por ti mismo o por tu mente. Son muy importantes. Cada vez que estés en una situación displacentera, la forma de cortar un poco el sufrimiento es ubicar la mente en aquellos lugares. Simplemente aquellas imágenes que forman parte de ese empapelado.

-Hobbies: un deporte, salir a correr. Ir a caminar y pasear. Vaguear sin hacer nada en concreto. Tocar un instrumento. Cantar. Algo artístico. Cualquier tipo de actividad que te permita sentir que tu cuerpo y mente están en coherencia. Meditar.

-La utilización de los cinco sentidos:

-Contemplación y Observación: paisajes, flores, naturaleza, los autos por la calle, las personas pasar.

-Lectura y escritura: tus libros favoritos, el deseo de ir a descubrir un nuevo autor, jugar a escribir, pasar al papel reflexiones personales. Revisar las fotos que tienes en tu celular.

-Comidas: para muchos, y para mí, una de mis actividades favoritas, es el desarrollo de un paladar variado. Nuevos ingredientes, o los mismos de siempre, pero por qué no prepararse una rica comida para uno mismo. Cena para uno. Alguna bebida interesante que acompañe siempre es bienvenida.

-Fragancias y olores: perfumes, flores, el césped recién cortado, la tierra mojada, la lluvia, el mar, etc. Si entro a mi espacio personal, ¿A qué huele?

-El tacto: masajes, acupuntura, caricias, besos y abrazos. ¿Cómo cuido mis caricias en mi lugar? Poner una mano en el pecho y masajearlo. ¿Cómo tocas tu cuerpo para tranquilizarte?

-El oído: música de pájaros o de la naturaleza. Mi canción preferida o mi álbum más preciado. Música ambiental de fondo. ¿Qué es lo que quiero escuchar en mi espacio personal?

-Un viaje: ¿A dónde te gustaría ir? Búscalo, imagínatelo, explóralo, si puedes vívelo.

-Juegos y Diversión: este es un punto muy importante en tu espacio personal ¿Cómo te entretienes? ¿Cómo es que te diviertes en él? El juego es una de las técnicas más sanas para pasar el tiempo.

-Reflexión y nuevas ideas: aprovecha si hay momentos donde puedes echarte a filosofar contigo mismo. A crear nuevas formas de pensar, pero recuerda, siempre y cuando, sea amable y respetuoso contigo mismo.

Soy responsable de mí mismo, de mí misma.

Estas son algunas de las ideas que pueden ser aplicadas a tu núcleo personal.

Por supuesto, no hay respuestas correctas e incorrectas. Todo depende de ti.

Y también ten en cuenta que es muy común que los elementos que integran este espacio personal vayan cambiando con el tiempo, incluso, algunos se van y vuelven con el paso de los años.

Pero lo esencial, es no olvidarlo. Siempre está ahí cuando más lo necesites. Nadie va a crearlo por ti. Lo tienes que hacer tu. A tu estilo y a tu gusto.

Tener nuestro núcleo definido, permite que lo hagamos conciente cada vez que lo necesitemos. Es el lograr poder encontrar la tranquilidad en algo diseñado por mí mismo con mis reglas de funcionamiento.

Y lo más importante de esto es que no es una mera ilusión, sino todo lo contrario, es una realidad que se puede ver en las actividades que llevo a cabo y la gestión de pensamientos que tengo.

Un núcleo fuerte es fundamental, porque su solidez es lo que nos mantiene vivos.

Otorga estabilidad y ayuda mucho a generar y nutrir nuestra autoestima.

Como hemos visto, todo cambia en la vida, y pasamos constantemente por períodos en que tenemos que nutrirnos y alimentarnos de experiencias fructíferas y armoniosas para nuestro propio núcleo.

¡Qué importante! En definitiva, estamos cuidándonos y promocionando nuestra salud mental.

En situaciones de crisis es cuando más debemos tener fuerte nuestro núcleo. Volvemos a él en búsqueda de fuerzas y ánimos.

Pensemos lo siguiente: no podemos creer que todo lo que siempre tenemos a disposición está garantizado hasta el final de nuestros días. Tener apoyo de algún familiar o ser querido no deja de ser un lujo.

Lamentablemente la vida nos podría mostrar que en alguna circunstancia no encontramos apoyo y nos encontramos solos.

Pero estar solo es distinto que sentirse solo. Sentirse solo es debido a la falta de conciencia acerca de un núcleo firme y sólido. Estar solo, es que tendremos que utilizar todos nuestros recursos sin ayuda de alguien externo. Pero eso no quita que salgamos exitosos de la situación.

Parece automático que cuando se presente la mínima situación de incomodidad recurramos a los demás.

Sin embargo, ¿No lo puedo resolver sólo/a? ¿Acaso todo lo que llevo de experiencia en mi vida no me permite lidiar y seleccionar la mejor estrategia para resolver aquella situación?

Acostumbrarse a pedir ayuda cuando no lo es necesario nos puede llevar a caer en circunstancias no gratas por no tener el criterio propio de elegir qué solución aplicar.

Recordarás cuando hablamos de la búsqueda de consejos. Bueno, justamente, en este punto, ya entenderás la importancia del criterio propio en el núcleo central.

La responsabilidad de consolidar un núcleo - o bien, consolidarse como persona adulta- es pura y exclusivamente nuestra. Hay que atender las necesidades que mi núcleo central tiene.

Cuando éramos pequeños teníamos una madre o alguien que desempeñaba ese rol que atendía nuestras necesidades. Si llorábamos, si teníamos que alimentarnos, si pasábamos frío o calor, etc.

Ese rol se ha transferido a nosotros mismos. Nos cuidamos a nosotros mismos. Nos atendemos a nosotros mismos.

La enseñanza es que podemos ser responsables de nosotros mismos. Parece sencillo de decirlo y pensarlo, pero no lo es. La nutrición de nuestro núcleo central queda muchas veces desatendida.

Juguemos por un momento al juego del "¿Qué sucedería si...?"

Se trata de realizar un juego de hipótesis - no necesariamente negativas- y sirve para valorar lo que uno tiene, y también, qué otras posibilidades dentro de lo que uno tiene puede despertar e innovar.

Por ejemplo: ¿Qué sucedería si no puedo ejercer más mi profesión tal como lo hacía antes? Uno puede plantear diversos escenarios -valga la redundancia- cuidándose. Mi núcleo buscará la forma de resolverlo ya que puede adaptarse al cambio. Siempre hay alguna manera de poder llegar a obtener placer de las cosas que uno hace, aun cuando no podamos realizarlas de la misma manera que hacíamos antes.

Aquí hago una pequeña pausa: adaptarse no implica dejar todo lo que soy para moldearme a lo que me ofrece el entorno.

No es así.

Es todo lo contrario: implica qué de lo que tengo puede ser reformulado para que sea aplicado en el entorno de una manera favorable para mí mismo. Recuerda el ejemplo de Xisca, quién luego de emigrar, no podía ejercer su profesión tal como ella estaba acostumbrada. Pero sí, podía ejercer las aptitudes y habilidades bajo otra modalidad.

La astrología nos muestra que la vida es cambio. Su naturaleza es la variación. Nuestro ADN tiene la naturaleza de variar. En líneas generales, hay eventos que ocurren en mi vida que puedo decorarlos y administrarlos con mi estilo. Existen otros, los cuales no puedo realizar nada al respecto, simplemente debo acompañarlos, tal como hace el capitán Jack Sparrow con su brújula.

En líneas particulares, soy mi propio jefe. No controlo lo que el resto de la gente dice o piensa de mí. No controlo las decisiones ni circunstancias de los demás. Tampoco puedo controlar enteramente todo aquello que la vida va a traerme. Eso lo acepto. Pero lo que sí puedo hacer es tratar de sacar lo mejor acorde a ese plan que está dado.

Yo puedo manejarme sin renunciar a mí mismo, y estar dispuesto a encontrar la solución. ¿Cuál es la solución? estar activo estratégicamente buscando la mejor manera que sea para seguir presente en la vida.

Φ

El pasado siempre vuelve

Entre mis papeles, cuadernos viejos y escritos en documento Word, siempre encuentro pensamientos míos. Recuerdos de una época, circunstancias que marcaron una filosofía de pensamiento de aquellos días, y que quisiera compartirte, con el fin de introducirte en el próximo tema.

Este es una reflexión acerca de la amistad. Por ahí era un momento bastante melancólico, pero de estas líneas pasadas uno siempre puede sacar provecho para los momentos actuales. Así dicen:

"¿Qué me quedan de mis amistades más que lindos recuerdos?

En algún momento hubo un freno, un cambio de curso que han separado nuestros caminos. Parece que es complejo tratar de encontrar nuevamente aquel punto de encuentro.

Si me pongo a pensar e intentar entender la amistad como concepto abstracto, me encuentro completamente perdido. Trasgrede todo tipo de normativas. Es como el amor. ¿Será una subclase de amor? Es parte del ir y venir. Me doy cuenta de que son solo recuerdos lindos cuando veo para atrás y veo que ya llevo largo trecho en este nuevo camino sin ti. Pero ¿Cómo tomárselo? ¿Qué pasa con la melancolía del recuerdo? Como aquella bebida tan agradable que nos deja un sabor peculiar... podríamos decir: amargo. Son relaciones que tienen su tiempo. Pero sería injusto pensar en una fecha de vencimiento, porque, a fin de cuentas, con los amigos compartimos lo que en ese momento estábamos viviendo. Es muy común que en aquellos tiempos nos encontremos con personas las cuales están en la misma sintonía que nosotros. Es muy lindo sentirse acompañado y reír tan naturalmente sin prejuicios acerca de las cosas más absurdas. Tengo muy lindos recuerdos. Pero también tengo muy lindos anhelos que no pueden volver a tener lugar. Nuestros caminos ahora están separados. Las buenas intenciones y los mensajes también se distancian con el tiempo e incluso, es ahí, donde en ese pasar, las prioridades cambian y lo que antes estaba, hoy en día es muy complejo volver a reconstruirlo.

Existen también aquellas amistades donde los caminos, los hábitos y costumbres siguen en la misma trayectoria. El gran viejo amigo, bueno y conocido. Por ahí nos damos cuenta de que estamos en el mismo camino, pero lo transitamos a distinta velocidad. Ahí hay, o bien que frenar mucho el paso; o bien adelantarnos para poder coincidir.

"Los amigos uno los cuenta con los dedos de la mano" solía escuchar que un pariente cercano me decía. Siempre me pregunté: ¿Por qué la gente no se hace el tiempo? ¿Por qué pierde su generosidad y curiosidad en cosas banales para dejar de lado los temas importantes en la vida?

Voy por la vida juntando portarretratos que limpio semana tras semana con recuerdos cada vez más borrosos. Es como si fuera un Alzheimer natural de la vida. Nos iremos olvidando con el paso del tiempo... ¿Acaso estamos programados o hemos sido entrenados para ir perdiendo aquellos que nos ha importado? Excusas existen millones. El trabajo, los hijos, la familia, el estudio, las actividades, el stress, el aburrimiento, las opiniones son sólo alguna de ellas. ¿Qué compromiso estoy poniendo con aquello que llamaba amigo, y realmente, pasan los años y nos contactamos tan poco?

Me siento un tanto descolocado, como en un mercado de subastas, cuando llamo a un amigo o amiga que hace tiempo nuestros caminos están separados. Me sorprende como pasan los minutos de la conversación y la subasta para "cortar la comunicación" comienza. Siento que hay una incomodidad, siento que el tono de la conversación es un "si esto ya pasó hace tiempo, ahora estoy con tantas cosas para hacer". Tengo tu recuerdo en mi portarretratos - o mejor en una foto del celular - junto con otras que el tiempo también va borrando.

¿Es que me quedé enganchado en aquellos momentos tan agradables que dos o más seres humanos hemos compartido? Si. Mi mente tiene siempre la ilusión de traer al presente a los más diversos personajes que he conocido en mi vida -incluso por años- pero que ahora la melancolía los deja en otro plano. Es cierto, las relaciones no dependen de uno mismo únicamente. Todas las partes intervienen. Pero, de todas maneras, yo los tengo presente.

Quizá deba comprender, de que ese momento culminó cuando los caminos se separaron. Por ahí la mente no tiene la habilidad de construir virtualmente puentes emocionales que se sostengan en el tiempo.

Tal vez aquella amistad es como la inflación y las monedas. Con el tiempo empiezan a perder su valor intrínseco. Pero, no dejo de pensar y de sentir, que los tiempos y valores emocionales son otros. Como observador filosófico del mundo, llamo la atención y levanto la mano para que se entienda: estoy aquí firme. Los veo ir y venir, los escucho sufrir, reír y olvidar, pero yo sigo aquí. Todos cambiamos -incluso yo- incluso los caminos, carreteras y acompañantes de viaje. Pero siempre estoy presente. Yo no quiero olvidarte. Sigo preguntándome: ¿Tendría que sumarme y participar del Alzheimer emocional colectivo?

"Para mí es como el tiempo no hubiera pasado" me dijo una amiga luego de 6 años sin tener contacto.

"Es como si estuviéramos hablando ayer".

En ese lapso mi vida había sido una montaña rusa: me casé, me mudé, cambié de trabajo, fallecieron mis padres. ¿Cómo podría pensar que todo eso no me habría transformado tanto? Esa maduración personal, me hace -sin lugar a duda- reevaluar la perspectiva de mi vida hacia otro nivel, hacia otras posibilidades. Pensaba en ese momento, todo esto que he vivido no hemos construido los puentes necesarios para que estés presente. No es igual que antes. Yo cambié, mi forma de pensar cambió, mi manera de relacionarme con los demás es distinta, y por ende mi relación contigo también cambió o cambiará, al menos en el corto plazo. ¿Cómo hacemos para recuperar el tiempo perdido sin caer en superficialidades?

¿Cómo me ubico en esta situación? ¿Hago de cuenta como si nada hubiera pasado y realmente es como que estuviera todo igual y hablásemos como "si fuera ayer"? He cambiado. He evolucionado. La vida me ha hecho partícipe a tener que comprometerme con responsabilidades y aceptar las duras realidades. ¿Debería aceptar de que, en realidad, luego de todo este tiempo, ya no es igual? Entonces, habremos sido presas del Alzheimer colectivo.

Y si esto es en realidad una condición natural del ser humano, ¿por qué tendría que ponerme triste de su propia naturaleza? ¿Para qué evaluar e intentar cambiar algo que no podrá ser? El cuerpo físico se descompone, la mente divaga, y las emociones están de alguna manera siguiendo ese curso. En términos de la psicología de la memoria, esos 7 "chunks" -fragmentos en idioma inglés- de almacenamiento de la memoria de corto plazo ya han sido ocupados con otras cosas. Así lo que queda afuera, pasará al olvido.

Aprendo siempre -aunque duela el corazón- de los descuidos de mí mismo y mi propia especie. De lo que quisiera tanto controlar para no dañar a otros, pero que indefectiblemente, tarde o temprano, llegará a hacerlo.

No puedo volver las circunstancias a lo que fueron. No puedo obligar a mi amigo a que me llame espontáneamente si él no quiere o no puede. No puedo enojarme con algo que inevitablemente nos arrastrará a los dos. Lo único que puedo hacer, es quedarme firme como un ermitaño en la montaña buscando nuevas formas de comprensión de las maravillas emocionales que la vida nos trae. Es momento de crecer y soltar este pasado para seguir camino adelante".

Cuando releo una y otra vez este pasaje, empiezo a recordar tantas cosas. Me puedo ubicar en el momento sintiendo todo eso.

La astrología nos enseña que el pasado nunca se va. Siempre vuelve a presentarse de alguna forma. Es necesario para pasar a un nuevo ciclo. Si nos quedamos viviendo del pasado, estaremos estancados en ese ciclo.

Eso no implica nada malo, siempre y cuando no sea maligno para nosotros mismos. Pero el pasado construye historias. Historias que nos definen y que no se pueden modificar. Es y fue así. Recuerdo haber leído hace años a una escritora reconocida escribir acerca de recuperar al niño interior, soltar y reconciliarse con el pasado.

Desde mi perspectiva, esas son cuestiones divagantes.

No se puede soltar aquello que te define hoy en día. No hay nada para remendar o reconciliar. El pasado no es ni negativo ni positivo. Uno lo ha vivido como lo tuvo que vivir. Forma parte del ciclo de la vida.

Tiene la misma importancia que todo el ciclo entero. Porque si no, pareciera que quitamos lo que no nos gusta o lo que nos hizo mal y "nos reconciliamos" con ello.

Esa es una manera insensata de ver la vida.

A la vida se la respeta con sus tragos dulces y amargos. Todos son importantes. Y esa es la actitud que nos define como adultos responsables.

Sin embargo, no todos los adultos son verdaderamente adultos. Pocos adultos pueden ser considerados como tal. ¿Quiénes? Aquellos que tienen su núcleo central sólido.

Estos adultos sí que tienen criterio propio. Pueden evaluar qué está acorde o en desacorde a su centralidad. Muchas veces me he encontrado en clases de Yoga y Meditación y escucho decir que hay que estar centrado en tu eje.

El eje no es cerrar los ojos y dejar que los pensamientos se vayan. El eje no es la nada absoluta. No, de ninguna manera. En la vida hay que estar activos. Hay que actuar, crear, innovar, cambiar.

De hecho, hay que seleccionar, y para ello es necesario tener criterio propio. La primera creencia que hay que tener es con uno mismo.

Como dije con anterioridad, no podemos pensar que auto abandonarnos sea una opción. Ahí sí, existe miedo a la vida; porque no la respetamos. Acepto mi historia tal como es.

Te invito a prestar un poco de atención a la historia de tu vida.

Notarás que hay cosas que se repiten - no necesariamente de la misma manera- pero que aquello que comúnmente llamamos "el pasado" -hechos, personas, circunstancias del pasado- tiende a volver a nosotros.

Hablar del pasado es cómodo, no hay que hacer muchos esfuerzos. Ya está dado, no hay modificaciones, no hay que hacer nada extraordinario porque lo que ha sucedido, ha sucedido al fin. Para situarnos en el futuro es todo lo contrario, hay mucho por hacer, cambiar y construir.

¡Qué difícil cuando nos faltan muchas piezas para armar el rompecabezas de cómo enfrentar el futuro!

En definitiva, el pasado siempre tiene oportunidad de retornar a nosotros. Nos reencontramos con aquel compañero, aquella ex-pareja, o bien repetimos la misma situación y nos decimos a nosotros mismos: "esto yo ya lo viví", "parece un déjà-vu".

El pasado siempre tiene la manera de encontrarnos. Nuevamente aquello que parecía tan lejano y olvidado se presenta delante de nuestros ojos como si el tiempo no hubiera pasado.

¿Qué harías tu? ¿Retomarías esas historias y circunstancias otra vez o mirarías para un costado y las dejarías ir?

Para aquellos que han retomado una relación y no les ha resultado; y vuelven a retomarla una vez más, y les sigue sin resultar, notarán que, a veces es mejor mirar para un costado y dejar que el pasado se vaya definitivamente. La recurrencia es un fenómeno propio de un núcleo central débil.

El adulto centrado, sabe que es momento de pasar de ciclo. Pero no por algún tipo de utopía o respuestas afirmativas banales, sino más bien, porque sabe que ese pasado no coincide, no es coherente con su núcleo central.

Aquí te voy a comentar de una diferencia muy importante: el pasado sigue siendo el mismo, tiene la misma forma de funcionamiento que antes, la misma dinámica, los mismos modales. El pasado, por más que aparente ser distinto y prometedor, y que tenga recuerdos hermosos, no deja de ser lo que ha sido. Una historia que quedó en el pasado y no continuó al presente.

Pongamos el ejemplo de una relación conflictiva: si esa relación no funcionó en el pasado, en el 99% de los casos no volverá a funcionar. En ese momento del pasado, tu núcleo central tenía una forma y ahora tiene otra.

De ahí, que el adulto centrado puede dejar que esa circunstancia que viene a él pase a tener otro nivel en su escala de prioridades. Porque ya no es coherente con lo que su núcleo armónico necesita para seguir adelante.

¿Por qué y para qué incorporaría sufrimiento en mi núcleo central?

El pasado toca la puerta y nos muestra que ya hemos pasado por eso, y que de eso hemos aprendido, y aún más, ya no lo necesitamos. Somos una "nueva" persona. Hemos logrado evolucionar -crecer-, porque estamos cada vez más conformes con lo que nuestro núcleo central necesita para estar cuidado y nutrido. El pasado ha quedado viejo frente a esa nueva persona que somos.

Ser adultos nos permite ser eficientes con nosotros mismos. Ubicar y seleccionar qué es lo que está sucediendo que viene hacia mí.

Esta es la principal ventaja del núcleo sólido: tener criterio.

No sólo es un ahorro emocional muy grande, si no también, que nos permite estar firmes frente a situaciones que sí son necesarias que despleguemos mayores capacidades de actuación.

Viéndolo de este modo, es como si uno estuviera saliendo de su casa con un bate de beisbol pegándole a las pelotas innecesarias que vienen hacia nosotros. Si, es así. Hay que seleccionar qué pelota decido que pase y agarrarla y cuáles no.

En un principio veremos que son muchas pelotas que tenemos que batear. Pero luego, con el tiempo, lograremos ser más precisos, más focalizados, y tendremos a disposición más aciertos.

Con ello, quiero comentarte que es necesario practicar.

Es necesario que el pasado vuelva, para poder verlo desde otro lugar, sino no tendría sentido.

La astrología nos enseña que el pasado no es una cuestión de temporalidad. Sino más bien, de qué es lo que estamos sosteniendo para que continúe en nuestro presente, y qué es lo que ya no queremos sostener para nuestro presente.

Es de esa manera que voy progresando firme en mi vida. Y tú, ¿qué es lo que quieres que continue en tu vida?